Beachte:

- ✓ Arbeite zügig, sauber und ordentlich! Die Form wird mitbewertet. Unsaubere und unsachgemäße Darstellung kann nach § 53 (2) RSO zur Herabstufung der Note führen.
- ✓ Notiere alle erforderlichen Nebenrechnungen auf einem gesonderten Zettel.
- ✓ Runde die Ergebnisse auf zwei Dezimalstellen.
- ✓ Gib bei Buchungssätzen Kontonummer, Kontoname und Betrag an.
- ✓ Weise bei deinen Ergebnissen jeweils die Einheit aus.
- ✓ Beachte: Die Umsatzsteuer beträgt 19 %, soweit nichts anderes angegeben ist.
- ✓ Achte auf die Rechtschreibung. Fachbegriffe müssen korrekt geschrieben sein.

Diese Vorgaben gelten für alle Schul- und Stegreifaufgaben in diesem Band.

Stegreifaufgabe 1

Inhalt: Wiederholung: Ein- und Verkauf, sonstige betriebliche Aufwendungen und Erträge

Zeitbedarf: 20 Minuten

Du bist Mitarbeiter/-in in der Abteilung Rechnungswesen/Buchführung im Unternehmen Sportbekleidung Sporty e. K. Im Rahmen deiner Tätigkeit bist du mit den Aufgaben in der Buchhaltung betraut. Auf deinem Schreibtisch findest du unter anderem einen Stapel von Belegen vor, die bisher noch nicht bearbeitet wurden.

Sporty

1 Bilde den erforderlichen Buchungssatz zu folgendem Beleg. ___ von 4 F

Flaschenwerke Popp ✧ Lusenstraße 9 ✧ 94227 Zwiesel

Firma
Sportbekleidung Sporty e. K.
An der Donau 22
94469 Deggendorf

Steuernummer: 100/628/932932
USt-ID-Nr: DE 96385274202
Tel.: 0991 – 33 583
Fax: 0991 – 33 584

RECHNUNG | **Re-Nr.:** 1357-90 | **Kunden-Nr.:** 3124 | **Re-Datum:** 11.01.20..

Artikelbezeichnung	**Menge**	**Einzel [€]**	**Gesamt [€]**
Trinkflaschen „Easy Superior“	200	6,00	1.200,00
abzgl. Treuerabatt, 20 %			240,00
			960,00
zuzüglich Frachtkosten			30,00
		Gesamtsumme netto	990,00
		Umsatzsteuer, 19 %	188,10
Zahlungsziel: 11. Februar 20.. rein netto		**Gesamtsumme brutto**	**1.178,10**

Wir danken für Ihren Auftrag.
Zahlbar innerhalb von 30 Tagen ohne Abzug oder innerhalb von 10 Tagen 2 % Skonto.
Bankverbindung: Spartabank, IBAN: DE10 7506 1099 0064 8951 37, BIC: GENODEF1SOW

2 Ein weiterer Beleg liegt dir zur Bearbeitung vor. ___ von 10 F

Sportbekleidung Sporty e. K. • An der Donau 22 • 94469 Deggendorf

Firma
Sportmode Heidi
An der Au 37
84030 Landshut

Steuernummer: 100/628/932937
USt-ID-Nr: DE 96385274204
Tel.: 0871 – 43 58-0
Fax: 0871 – 43 58-4

RECHNUNG

Re-Nr:	Kunden-Nr.:	Re-Datum:
6490	1002	11. 02. 20..

Artikelbezeichnung	Menge	Einzel [€]	Gesamt [€]
Freizeitanzüge 37-84	50	45,00	2.250,00
Spezialverpackung			50,00
		Gesamtsumme netto	2.300,00
		Umsatzsteuer, 19 %	437,00
		Gesamtsumme brutto	**2.737,00**

Wir danken für Ihren Auftrag.
Zahlbar innerhalb von 30 Tagen ohne Abzug oder innerhalb von 8 Tagen 2 % Skonto.
Bankverbindung: Donaubank, IBAN: DE21 7506 4088 0000 7531 24, BIC: DFBADENBPM1

2.1 Bilde den Buchungssatz zum Beleg.

2.2 Sportmode Heidi sendet 10 Anzüge (falsche Größe) an uns zurück.
Ermittle den noch offenen Rechnungsbetrag.

2.3 Der offene Rechnungsbetrag geht am 19. 02. 20.. auf unserem Bankkonto ein. Buche.

3 Bilde den Buchungssatz zu folgendem Beleg. ___ von 3 F

Netto	€	440	Cent	00
+ 19 % UST	€	83	Cent	60
Gesamt	€	523	Cent	60

Quittung
Nr. 44

Gesamtbetrag € in Worten
Fünfhundertdreiundzwanzig — Cent wie oben

(im Gesamtbetrag sind 19 % Umsatzsteuer enthalten)

von Sportbekleidung Sporty

für Kartonagen und Packpapier

dankend erhalten zu haben, bestätigt

Ort Deggendorf — Datum 2. März 20..

Buchungsvermerke

Stempel/Unterschrift des Empfängers
Pappfabrik Pappe
Packweg 15
94469 Deggendorf
Paul Pappe

4 Bilde alle erforderlichen Buchungssätze. ___ von 5 F

Donaubank

Kontoauszug
05. März 20../09:13 Uhr

Sportbekleidung Sporty e. K.
An der Donau 22
94469 Deggendorf

Nummer 35
Seite 1/1

Bu.-Tag	Wert	Bu.-Nr.	Vorgang	Betrag (€)	
03. 03.	03. 03.	1234	Ihr Beitrag zur Textilinnung	830,00	S
03. 03.	03. 03.	1235	Grundsteuer (für Grundstück An der Donau 22)	1.840,00	S
04. 03.	04. 03.	1237	Rückerstattung für Kfz-Versicherung (aus Veräußerung Ihres Lieferwagens DEG-RS 666)	157,00	H

Kontokorrentkredit € 40.000,00
(S) = Banklastschrift | (H) = Bankgutschrift
IBAN: DE21 7506 4088 0000 7531 24
BIC: DLEBDERBME1

alter Kontostand	2.220,00	H
neuer Kontostand	293,00	S

4.1 zum 03. 03. 20..

4.2 zum 04. 03. 20..

Notenschlüssel

1	2	3	4	5	6
0–2 F	2,5–4 F	4,5–6,5 F	7–9,5 F	10–12 F	12,5–22 F

So lange habe ich gebraucht: ___________

So viele Fehler habe ich gemacht: ___________

Stegreifaufgabe 2

Inhalt: Die Zinsformeln

Zeitbedarf: 20 Minuten

Du bist Mitarbeiter/-in in der Abteilung Rechnungswesen/Buchführung in der Hosenfabrik Knaller e. K., die sich vor allem auf die Herstellung von Jeans in den Trendfarben spezialisiert hat. Im Rahmen deiner Tätigkeit bist du mit den Aufgaben in der Buchhaltung betraut.

1 Ermittle die Laufzeit folgender Kredite. ___ von 6 F

(A) vom **26. 01.** bis **23. 02.** ______________________

(B) vom **13. 02.** bis **30. 04.** ______________________

(C) vom **30. 03.** bis **12. 06.** ______________________

(D) vom **22. 06.** bis **01. 08.** ______________________

(E) vom **06. 08.** bis **22. 12.** ______________________

(F) vom **30. 09.** bis **15. 12.** ______________________

2 Bearbeite folgende Aufgaben. ___ von 10

2.1 Hosenfabrik Knaller e. K. hat das Geschäftskonto für 146 Tage mit 12.850,00 € überzogen; deshalb belastet die Bank die Firma mit 719,60 € Sollzinsen. Ermittle den Zinssatz.

2.2 Hosenfabrik Knaller e. K. berechnet der Fa. Fussel, die sich seit 10. 09. in Zahlungsverzug befindet, am 19. 11. 9 % Verzugszinsen in Höhe von 189,00 €. Ermittle den Überweisungsbetrag am 19. 11.

2.3 Der Seniorchef der Hosenfabrik Knaller e. K. hat für sein Enkelkind Laurentius am 07. Mai ein Sparbuch mit einer Einlage von 1.600,00 € eröffnet und am 15. Juli 400,00 € einbezahlt.
Berechne das Guthaben zum 01. 01. des nächsten Jahres bei einer Verzinsung von 1,25 %.

3 Dir liegt folgender Beleg vor. ___ von 4 F

Weberei Fadenkreuz – Industriestr. 3–5 – 94078 Freyung

An die
Hosenfabrik Knaller e. K.
An der Ohe 39
94078 Freyung

Telefon: 08581/12345
Fax: 08581/12346

Dreiländerbank FRG
IBAN: DE21 7405 0099 0000 3216 54
BIC: PBNKDEFRMI1

Zahlungserinnerung – 1. Mahnung Freyung, 10. 10. 20 . .

Sehr geehrte Damen und Herren,

sicherlich ist es Ihrer Aufmerksamkeit entgangen, dass unsere Rechnung 321/13 über 8.620,00 € bereits zur Zahlung fällig gewesen ist. Deshalb bitten wir Sie, 8.709,35 € (einschließlich 12 % Verzugszinsen und Mahnspesen in Höhe von 10,00 €) unverzüglich auf unser oben angegebenes Konto zu überweisen.

Mit freundlichen Grüßen

Waldemar Fadenkreuz

Ermittle das Datum, an dem Knaller e. K. die Rechnung spätestens hätte begleichen müssen.

Notenschlüssel

1	2	3	4	5	6
0–1,5 F	2–3,5 F	4–6 F	6,5–8,5 F	9–11 F	11,5–20 F

So lange habe ich gebraucht: ________

So viele Fehler habe ich gemacht: ________

Stegreifaufgabe 3

■ Inhalt: Der relative Zinssatz

■ Zeitbedarf: 18 Minuten

Du bist Mitarbeiter/-in in der Abteilung Rechnungswesen/Buchführung der Weberei Kunterbunt e. K., die sowohl Gewebe für Bekleidung als auch Gewebe für hochtechnische Anwendungen herstellt. Im Rahmen deiner Tätigkeit bist du mit den Aufgaben in der Buchhaltung betraut.

Weberei Kunterbunt

1 Beantworte folgende Fragen des Azubis Clemens. ___ von 9 F

1.1 Was ist der Unterschied zwischen „relativem Zinssatz" und „Zinssatz p. a."?

____

____

1.2 Unter welchen zwei weiteren Ausdrücken ist der „relative Zinssatz" noch bekannt?

____

1.3 Wie lautet der Buchungssatz zur korrekten Erfassung einer Bankgutschrift über ein Darlehen (Laufzeit 24 Monate) in Höhe von 33.600,00 €?

1.4 Welche der folgenden Aussagen zum relativen Zinssatz sind richtig bzw. falsch? Kreuze an (✗).

	Richtig	Falsch
Die Berechnung des Kapitals und der Zinsen aus dem vermehrten Kapital wird auch als „Zinsrechnung auf Hundert" bezeichnet.	☐	☐
Bei der Zinsrechnung „auf Hundert" ist der relative Zinssatz nicht erforderlich.	☐	☐
Bei der Zinsrechnung „auf Hundert" ist nur die Zeit angegeben, der Zinssatz fehlt als Rechengröße.	☐	☐

2 Dir liegt folgender Kontoauszug vor. ___ von 6 F

Stadtbank			
Kontoauszug 05. April 20../08:08 Uhr	Weberei Kunterbunt e. K. Stoffstraße 80 80484 München	Nummer 11 Seite 1/1	
Bu.-Tag Wert Bu.-Nr.	Vorgang		Betrag (€)
02. 04. 02. 04. 2020	Fa. Spitz & Scharf – Rechnung Nr. 1234, fällig am 19. 01. (inkl. 14 % Verzugszinsen p. a. und 0,50 % Bearbeitungsgebühr)		11.309,28 H
Kontokorrentkredit € 50.000,00 (S) = Banklastschrift | (H) = Bankgutschrift IBAN: DE21 7408 3333 0000 0987 64 BIC: BENNAMLA1AA	alter Kontostand neuer Kontostand		2.222,22 S 9.087,06 H

2.1 Bilde den Buchungssatz für den Zahlungseingang.

2.2 Ermittle den ursprünglichen Rechnungsbetrag.

3 Azubi Clemens bittet dich, ihm bei der Berechnung von Kapital und Zinssatz behilflich zu sein. Ihm ist bekannt, dass sich bei einer Laufzeit von 146 Tagen die Zinsen auf 271,32 € belaufen und der relative Zinssatz 2,40 % beträgt. Berechne. ___ von 4 F

Notenschlüssel

1	2	3	4	5	6
0–1,5 F	2–3,5 F	4–5,5 F	6–8 F	8,5–10,5 F	11–19 F

So lange habe ich gebraucht: ________

So viele Fehler habe ich gemacht: ________

Stegreifaufgabe 4

- Inhalt: Buchungen im Kreditbereich
- Zeitbedarf: 20 Minuten

Kasimir Kritzel stellt in seinem Werk in Holzheim Schreibstifte jeglicher Art her. Als Mitarbeiter/-in in der Abteilung Rechnungswesen/Buchführung der Stiftefabrikation Kritzel e. K. liegt dir eine Reihe von Belegen zur buchhalterischen Erfassung vor.

Kritzel

1 Bilde die Buchungssätze zu folgenden Belegen. ___ von 5 F

1.1

Sparbank Holzheim
Kontoauszug
22. Februar/09:09 Uhr

IBAN: DE10 7405 1199 0003 4567 86
BIC: DLEBDELADE1
Nummer 33

Seite 1/1

Bu.-Tag	Wert	Bu.-Nr.	Vorgang	Zusatzinformation	Betrag (€)
22. 02.	**23. 02.**	**1111**	**Gutschrift Darlehen**	**(Laufzeit 11 Monate)**	**22.000,00 +**

Kontokorrentkredit	EUR 40.000,00	alter Kontostand	2.390,00 –
verfügbar	EUR 59.610,00	**neuer Kontostand**	**19.610,00 +**

Stiftefabrikation Kasimir Kritzel (e. Kfm.)
Holzweg 77
89438 Holzheim

1.2

Holzhandel Hugo Holzer (e. Kfm.)

Holzhandel Hugo Holzer • Bayerwaldstr. 37 • 94252 Bayerisch Eisenstein

An
Stiftefabrikation Kasimir Kritzel e. Kfm.
Holzweg 77
89438 Holzheim

Steuernummer: 100/628/932323
USt-ID-Nr.: DE 9638527410
Tel.: 09552 – 888776
Fax: 09552 – 888775
www.holz-holzer.de

Zahlungserinnerung Re-Nr.: 8640 Kunden-Nr.: 6543 Datum: 24. 02. 20..

Sehr geehrte Damen und Herren,

sicherlich haben Sie in dieser hektischen Zeit übersehen, dass die Re-Nr. 8640 in Höhe von 8.642,00 € längstens zur Zahlung fällig gewesen wäre. Somit sind Sie seit nunmehr 60 Tagen in Zahlungsverzug. Vereinbarungsgemäß belasten wir Sie daher mit 14,60 % Verzugszinsen.

Bitte überweisen Sie den offenen Betrag umgehend auf unser Konto.

Mit freundlichen Grüßen

Hugo Holzer

Bankverbindung: Bayernbank Eisenstein IBAN: DE21 7405 5599 0000 5348 68, BIC: HABADEFESF1

2 Ein weiterer Beleg liegt dir vor. ___ von 6 F

Sparbank Holzheim **IBAN: DE10 7405 1199 0003 4567 86**
Kontoauszug **BIC: DLEBDELADE1** Seite 1/1
27. Februar/10:10 Uhr Nummer 37

Bu.-Tag	Wert	Bu.-Nr.	Vorgang	Zusatzinformation	Betrag (€)
26. 02.	**26. 02.**	**1109**	**Gutschrift Darlehen**	**Darlehen: 180.000,00 €** **Laufzeit: 15 Jahre** **Vorabzug: 4 % Disagio**	**172.800,00 +**

Kontokorrentkredit EUR 40.000,00
verfügbar EUR 190.340,00

alter Kontostand 22.460,00 –
neuer Kontostand 150.340,00 +

Stiftefabrikation Kasimir Kritzel (e. Kfm.)
Holzweg 77
89438 Holzheim

2.1 Bilde den erforderlichen Buchungssatz.

2.2 Bilde den Buchungssatz zum Schuldendienst des obigen Darlehens, der im April wie folgt abgerechnet wird.

Sparbank Holzheim **IBAN DE10 7405 1199 0003 4567 86**
Kontoauszug **BIC: DLEBDELADE1** Seite 1/1
02. April/11:11 Uhr Nummer 44

Bu.-Tag	Wert	Bu.-Nr.	Vorgang	Zusatzinformation	Betrag (€)
01. 04.	**30. 03.**	**1110**	**Darlehenstilgung**		**1.000,00 –**
			Teilzahlung Darlehen		**75,00 –**

Kontokorrentkredit EUR 40.000,00
verfügbar EUR 109.385,12

alter Kontostand 70.460,12 +
neuer Kontostand 69.385,12 +

Stiftefabrikation Kasimir Kritzel (e. Kfm.)
Holzweg 77
89438 Holzheim

3 Auf deinem Schreibtisch befindet sich folgendes Schreiben. ___ von 6 F

Stiftefabrikation Kasimir Kritzel e. Kfm – Holzweg 77 – 89438 Holzheim

An
Schreibbedarf Severin Schreiberling e. K.
Stiftstr. 35
80486 München

Steuernummer: 100/628/932323
USt-ID-Nr.: DE 9638527410
Tel.: 089 – 888776
Fax: 089 – 888775
www.stifte-kritzel.de

Mahnung Re-Nr.: 444/22 Kunden-Nr.: 4477 Datum: 01. 04. 20..

Sehr geehrte Damen und Herren,

leider konnten wir zu unserer Rechnung Nr. 444/22 vom 18. Januar, zur Zahlung fällig am 18. Februar, trotz mehrfacher Zahlungserinnerung bis heute, 01. April, noch keinen Zahlungseingang feststellen. Daher sehen wir uns gezwungen, Ihnen nachfolgende Kosten in Rechnung zu stellen:

Rechnungsbetrag, fällig am 18. 02.	5.800,00 €
+ Verzugszinsen	66,74 €
+ Mahnspesen	10,00 €
Gesamtbetrag	5.876,74 €

Gleichzeitig bitten wir um die sofortige Begleichung aller offenen Beträge.

Mit freundlichen Grüßen

Kasimir Kritzel

Bankverbindung: Sparbank Holzheim IBAN: DE10 7405 1199 0003 4567 89, BIC: SBBADEM1SR

3.1 Erfasse den Beleg buchhalterisch.

3.2 Ermittle den Zinssatz, der der Berechnung der Verzugszinsen zugrunde gelegt wurde.

4 Die Sparbank Holzheim schickt folgendes Schreiben. Bilde zum Kontoabschluss alle erforderlichen Buchungssätze. ___ von 5 F

Sparbank Holzheim
Mitteilung
01. April/13:13 Uhr

Buchungstag: 29. 03.
Wert: 30. 03.

IBAN: DE10 7405 1199 0003 4567 86 Kontokorrent
BIC: DLEBDELADE1 Seite 1/1
Anlage 1
Nummer 45

Ihr Kontenabschluss vom 01. 01. bis 30. 03. für **Konto 3456786**

0,15	**E-Banking**	**für Stck**	**88**	**bis 30. 03.**	**13,20 € –**
0,35	**Sonstige Umsätze**	**für Stck**	**22**	**bis 30. 03.**	**7,70 € –**
	Kontoführungsgebühr			**bis 30. 03.**	**6,00 € –**
	Überziehungszinsen, 14 %			**bis 30. 03.**	**28,24 € –**
	Habenzinsen, 0,50 %			**bis 30. 03.**	**7,77 € +**

Dieser Abschluss gilt als anerkannt, wenn Sie uns nicht innerhalb von 6 Wochen Ihre Einwendungen anzeigen; wir verweisen auf Ziffer 7 unserer allgemeinen Geschäftsbedingungen.
Bitte Rückseite beachten!
Zinsen sind einkommensteuerpflichtig!

Stiftefabrikation Kasimir Kritzel (e. Kfm.)
Holzweg 77
89438 Holzheim

Notenschlüssel

1	2	3	4	5	6
0–2 F	2,5–4 F	4,5–6,5 F	7–9,5 F	10–12 F	12,5–22 F

So lange habe ich gebraucht: ____________

So viele Fehler habe ich gemacht: ____________

Schulaufgabe 1

- Inhalt: Kapitalbeschaffung
- Zeitbedarf: 60 Minuten

Du absolvierst in den Ferien ein Betriebspraktikum in der Schuhfabrikation Schuh Trampel e. K. Firmensitz und Hauptproduktionsort befinden sich im niederbayerischen Passau. Dein Chef Modestus Trampel ist sehr pingelig.

Informationen zum Unternehmen

Inhaber	Modestus Trampel
Rechtsform	Einzelunternehmen
Anschrift	Am Hafen 9, 94032 Passau
Zweck des Unternehmens	Herstellung von Schuhen in unterschiedlichen Preiskategorien
Geschäftsjahr	1. Januar bis 31. Dezember 20..

Werkstoffe und Handelswaren

Rohstoffe	Leder, Absatzgummi ...
Fremdbauteile	Schnürsenkel, Nieten ...
Hilfsstoffe	Kleber, festes Garn ...
Betriebsstoffe	Strom, Gas, Wasser, Schmierstoffe ...
Handelswaren	Schuhpflegemittel, Schuhbürsten, Strumpfwaren, Schuhlöffel ...

1 Herr Trampel musste für den Erwerb eines Lkws ein Darlehen aufnehmen. Nun möchte er wissen, wie fit du mit Berechnungen im Bereich Finanzierung bist. ___ von 14 F
Für ein langfristiges Darlehen über 90.000,00 € zu x % Zinsen p. a. wurde ein **unvollständiger** Tilgungsplan erstellt.

	Darlehen (€)	Tilgung (€)	Zinsen (€)	jährliche Zahlungsrate (€)
1. Jahr	90.000,00	15.000,00	4.950,00	19.950,00
2. Jahr	75.000,00	15.000,00	4.125,00	19.125,00
3. Jahr	60.000,00	15.000,00	3.300,00	18.300,00

1.1 Welcher Zinssatz liegt dem obigen Darlehen zugrunde? Berechne.

1.2 Unterstreiche jeweils die richtige(n) Antwort(en).

(A) Zu den Kreditkosten für den Lkw-Kauf gehören die

Umsatzsteuer / Vermittlungsgebühr / Werbeaufschrift / Zinsen / Zulassung des Lkws.

(B) Das obige Darlehen hat eine Laufzeit von 3 / 6 / 9 / 15 Jahren.

(C) Bei dem obigen Darlehen handelt es sich um ein Abzahlungsdarlehen / Annuitätendarlehen.

(D) Bei der Angabe „x % Zinsen“ handelt es sich um den nominalen / effektiven / relativen Zinssatz.

(E) Der effektive / relative Zinssatz wird auch angepasster Zinssatz genannt.

(F) Der Zusatz „p. a.“ bedeutet pro annia / per annum.

(G) Trampel erhielt ein Schreiben, in dem das obige Darlehen genehmigt wurde. Daraufhin bildest du den Buchungssatz: 2800 BK an 4250 LBKV 90.000,00 € / keinen Buchungssatz.

(H) Investitionskredite sind stets kurzfristig / langfristig.

(I) Grundsätzlich gilt der Lieferantenkredit / Kontokorrentkredit als am kostspieligsten.

1.3 Herr Trampel möchte von dir wissen, welche Formeln richtig bzw. falsch sind. Kreuze an (✗).

	Richtig	Falsch
$Z = \frac{K \cdot p \cdot t}{100 \cdot 12}$	☐	☐
$K = \frac{t \cdot 36.500}{p \cdot Z}$	☐	☐
$P_{rel} = \frac{p \cdot \text{Monate}}{12}$	☐	☐

2 Dir liegt folgender Beleg vor. ___ von 7 F

Schuh Trampel e. K. – Am Hafen 9 – 94032 Passau

Firma
Schuhladen Trendy
Am Markt 12
94469 Deggendorf

Steuernummer: 100/628/932123
USt-ID-Nr.: DE 696385274
Tel.: 0851/98765-0
Fax: 0851/9876-3

MAHNUNG

01. 12. 20..

Sehr geehrte Damen und Herren,

Sie haben unsere Rechnung Nr. 963 trotz unserer Mahnung bis heute noch nicht beglichen. Vereinbarungsgemäß belasten wir Sie daher mit 14,60 % Verzugszinsen für 146 Tage und 0,50 % Spesen vom ursprünglichen Rechnungsbetrag.
Bitte überweisen Sie den Gesamtbetrag von 7.592,68 € unverzüglich auf unser Konto.

Mit freundlichen Grüßen

Modestus Trampel

Die gelieferte Ware bleibt bis zur endgültigen Bezahlung unser Eigentum!
Ohebank IBAN: DE10 7405 9999 0000 3216 54, BIC: SBMCDEMUCF2

2.1 Ermittle den ursprünglichen Rechnungsbetrag.

2.2 Bilde den Buchungssatz für die Verzugszinsen und die Spesen.

3 Bilde zu folgendem Beleg alle erforderlichen Buchungssätze. ___ von 5 F

Ohebank

Kontoauszug
08. März 20../9:13 Uhr

Herrn/Frau/Firma
Schuh Trampel e. K.
Am Hafen 9, 94032 Passau

Nummer 12
Seite 1/1

Bu.-Tag	Wert	Bu.-Nr.	Vorgang	Betrag (€)	
30. 09.	30. 09.	3031	Habenzinsen	3,78	H
30. 09.	30. 09.	3032	Kontoführungsgebühren	50,00	S
30. 09.	30. 09.	3033	Überziehungszinsen	82,75	S

Kontokorrentkredit € 40.000,00	alter Kontostand	25.850,58	H
(S) = Banklastschrift I (H) = Bankgutschrift	neuer Kontostand	25.721,61	H

IBAN: DE21 7409 5555 0000 0058 76
BIC: NAMLADEAA1A

4 Buchhalter Schnappi hat am 15. 02. 6.000,00 € zur Bank gebracht. Er will das Geld erst wieder abheben, wenn es bei einem Zinssatz von 5 % durch die Zinserträge auf 6.240,00 € „angewachsen" ist. An welchem Tag ist dies der Fall? Berechne. ___ von 4 F

5 Dir liegt folgender Beleg vor. ___ von 22 F

Lederherstellung Lotti

Lederherstellung Lotti • 94227 Zwiesel

Firma
Schuh Trampel e. K.
Am Hafen 9
94032 Passau

Geschäftsführer: Udo Lotti
Registergericht Zwiesel HRB 654987
Steuer-Nr.: 9325-854/654987
USt-IdNr.: DE 43456789
Bayerwaldbank IBAN: DE21 7409 9399 0008 7654 32
BIC: GENODEF1SFS
Tel.: 09922 3012-0
Fax: 09922 3012-3
Internet: www.lederherstellung-lotti.de

Zwiesel, 01. Dezember 20..

Rechnung Nr. 467-89R Ihr Auftrag vom 25. 11. 20.. Kunden-Nr.: 224466

Wir lieferten Ihnen am 29. 11. 20..

Pos.	Menge	Art.-Nr.	Artikel	Einzelpreis (€)	Gesamtpreis (€)
1	550,40 m	246	Leder schokobraun	12,50	6.880,00
2	112 m	670	Leder mokkabraun	10,00	1.120,00
			Warenwert netto		8.000,00
			Umsatzsteuer 19 %		1.520,00
			Rechnungsbetrag		**9.520,00**

Zahlung innerhalb von 60 Tagen netto.
Bei Bezahlung innerhalb von 10 Tagen gewähren wir 3 % Skonto.
Die Ware bleibt bis zur vollständigen Bezahlung unser Eigentum.

5.1 Zum Beleg stellst du zunächst Vorüberlegungen an. Es handelt sich hierbei um …

Lieferung „ab Werk". ☐ Lieferung „frei Haus". ☐

einen Eigenbeleg. ☐ einen Fremdbeleg. ☐

eine Eingangsrechnung. ☐ eine Ausgangsrechnung. ☐

Rechnungsdatum ist der 25. 11. ☐ 29. 11. ☐ 01. 12. ☐

5.2 Bilde den Buchungssatz zum Beleg.

5.3 Gib die Zahlungsbedingungen an.

____

5.4 Um den Skonto in Anspruch nehmen zu können, müsste Trampel e. K. das Geschäftsbankkonto überziehen. Nenne den Fachbegriff für die Kreditform, bei der das Geschäftsbankkonto überzogen wird.

____

5.5 Schuh Trampel überweist die Rechnung am 10. Dezember. Bilde den Buchungssatz.

5.6 Welchem effektiven Zinssatz entspricht der Skontoabzug? Ermittle rechnerisch.

5.7 War die Entscheidung von Schuh Trampel richtig, für die Inanspruchnahme des Skontos einen Kredit bei Sollzinsen in Höhe von 12,50 % aufzunehmen? Begründe rechnerisch.

___ von 8 F

6 Schuh Trampel benötigt einen weiteren Kredit über 40.000,00 € mit einer Laufzeit von 8 Monaten für die Anschaffung von Nähmaschinen. Es liegen zwei Angebote vor.

Ilzbank	
Kreditsumme:	40.000,00 €
Zinssatz:	4,00 % p. a.
Disagio:	3,00 %
Auszahlung:	97,00 %

OHEBANK	
effektiver Zinssatz:	8,79 %

6.1 Beweise rechnerisch, dass die Ilzbank das günstigere Angebot unterbreitet hat.

6.2 Bilde den Buchungssatz für die Bereitstellung des Kredits von der Ilzbank.

Notenschlüssel

1	2	3	4	5	6
0–5 F	5,5–10,5 F	11–17,5 F	18–25,5 F	26–32,5 F	33–60 F

So lange habe ich gebraucht: ___________

So viele Fehler habe ich gemacht: ___________

Schulaufgabe 2

- Inhalte: Kapitalbeschaffung
- Zeitbedarf: 60 Minuten

Du bist Mitarbeiter/-in des Brillenherstellers „Brillen Walter Weitblick e. K.“, kurz „BWW e. K.“, (Inhaber: Walter Weitblick) in Weiden. Das Unternehmen stellt unter anderem exklusive Brillen in hervorragender Qualität her. Dein Arbeitsplatz befindet sich in der Abteilung Rechnungswesen, in der heute wieder verschiedene Aufgaben auf dich warten. Auch der Praktikant Winfried stellt dir einige Fragen, die du ihm sicherlich beantworten kannst.

Brillen Walter Weitblick

Informationen zum Unternehmen

Inhaber	Walter Weitblick
Rechtsform	Einzelunternehmen
Anschrift	Modestr. 37, 92637 Weiden
Zweck des Unternehmens	Herstellung exklusiver Brillen
Geschäftsjahr	1. Januar bis 31. Dezember 20..

Werkstoffe und Handelswaren

Rohstoffe	Metallplatten, Kunststoffgranulate, Kunsthornplatten ...
Fremdbauteile	Gläser in verschiedenen Stärken, Strasssteinchen ...
Hilfsstoffe	Scharniere, Federscharniere, Schrauben, Legierungen ...
Betriebsstoffe	Strom, Gas, Wasser, Reinigungsmittel ...
Handelswaren	Brillenetuis, Brillenputztücher, Ferngläser, Lupen ...

1 Herr Weitblick möchte in eine neue Fertigungsmaschine investieren und benötigt dazu einen Kredit von seiner Hausbank. Beim täglichen Lesen der Tageszeitung stößt er auf folgende Grafik und erkennt, dass viele private Haushalte mit Schulden kämpfen. ___ von 8 F

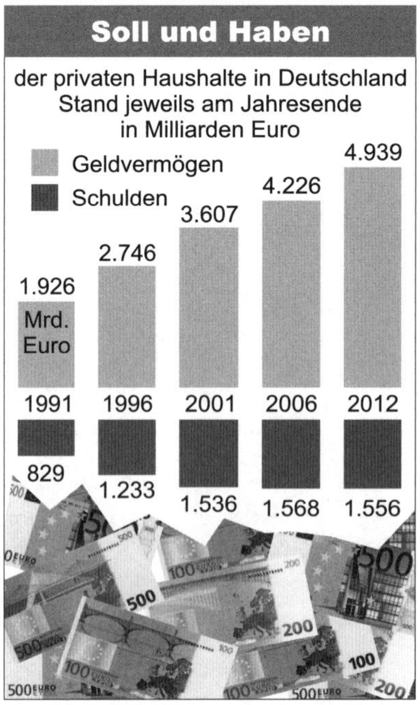

1.1 Richtig oder falsch? Kreuze (✗) an.

	Richtig	Falsch
„Haben“ stellt das Geldvermögen dar.	☐	☐
Insgesamt wurde mehr Geld „ausgeliehen“ als „gespart“.	☐	☐
Die Schulden der privaten Haushalte wurden in den Jahren 1991 bis 2012 fortlaufend kleiner.	☐	☐

1.2 Berechne den Anstieg des Geldvermögens von 2006 bis 2012 in %.

1.3 Für einen Kredit verlangt jede Bank grundsätzlich Sicherheiten, z. B. eine Bürgschaft. Nenne zwei weitere Möglichkeiten der Kreditsicherung.

____

2 Folgender Beleg liegt dir vor. ___ von 4 F

Frankenbank Weiden			**KONTOAUSZUG**	
Kontoauszug 01. August/11:11 Uhr				Nummer 25 Seite 1/1
Bu.-Tag	Wert	Bu.-Nr.	Vorgang	Betrag €
29. 07.	**29. 07.**	**3456**	**Re 3322 (Alu Glanzmeier): Mahnspesen**	**15,00 (€) –**
30. 07.	**01. 07.**	**3457**	**Kontoführungsgebühren**	**33,33 (€) –**
BWW e. K. Modestraße 37 92637 Weiden IBAN: DE21 7899 0000 0000 4376 98 BIC: HABADEFEFS1			alter Kontostand **neuer Kontostand** Ihr Kontokorrentkredit 30.000,00 €	8.800,88 (€) + **8.752,55 (€) +**

Bilde die Buchungssätze zu den Buchungsnummern
- 3456 (am 29. 07.):

- 3457 (am 30. 07.):

3 Für die Anschaffung einer Glasschneidemaschine nimmt BWW e. K. ein Darlehen für den Zeitraum vom 15. August bis zum 03. Dezember auf; dieses Darlehen wurde nach Abzug von 5 % Zinsen auf dem Firmenkonto gutgeschrieben. ___ von 14 F

Frankenbank Weiden			**KONTOAUSZUG**	
Kontoauszug 15. August/15:15 Uhr				Nummer 27 Seite 1/1
Bu.-Tag	Wert	Bu.-Nr.	Vorgang	Betrag €
14. 08.	**15. 08.**	**3333**	**Gutschrift Darlehen**	**43.729,56 (€) +**
BWW e. K. Modestraße 37 92637 Weiden IBAN: DE21 7899 0000 0000 4376 98 BIC: HABADEFEFS1			alter Kontostand **neuer Kontostand** Ihr Kontokorrentkredit 30.000,00 €	12.328,59 (€) – **31.400,97 (€) +**

3.1 Berechne die Höhe dieses Darlehens.

3.2 Bilde den erforderlichen Buchungssatz.

3.3 Praktikant Winfried möchte im Zusammenhang mit Darlehen wissen, ob folgende Aussagen richtig oder falsch sind. Kreuze an (✗) und verbessere falsche Aussagen.

	Richtig	Falsch
Kreditzinsen sind stets Sollzinsen.	☐	☐
Der jährliche Schuldendienst ist beim Annuitätendarlehen immer gleich hoch.	☐	☐
Beim Abzahlungsdarlehen nimmt die Tilgung zu und die Zinsen bleiben gleich.	☐	☐

3.4 Der Praktikant verwechselt immer wieder zentrale Begriffe. Entscheide jeweils und kreuze an.

	Nominalzinssatz	Effektivzinssatz	relativer Zinssatz
Er bezieht sich auf ein Jahr.	☐	☐	☐
Er wird auch als Zeitzinssatz bezeichnet.	☐	☐	☐
Er berücksichtigt den Auszahlungsbetrag.	☐	☐	☐
Er wandelt die Zinsrechnung in eine Prozentrechnung um.	☐	☐	☐

4 Folgender Beleg liegt dir vor. ___ von 12 F

Brillen BWW e. K.

BWW e. K. · Modestr. 37 · 92637 Weiden

Firma
Brillen & mehr
Am Markt 12
85409 Ingolstadt

Steuernummer: 100/628/932123
USt-ID-Nr.: DE696385274
Tel.: 0961 – 98765-0
Fax: 0961 – 9876-3

Mahnung Weiden, den

Sehr geehrte Damen und Herren,

leider haben Sie unsere Rechnung über Ferngläser Nr. 963 in Höhe von 4.391,10 €, zur Zahlung fällig am 24. April, trotz mehrfacher Zahlungserinnerungen und Mahnungen bis heute noch nicht beglichen.
Vereinbarungsgemäß belasten wir Sie daher mit 12,00 % Verzugszinsen.
Bitte überweisen Sie den Gesamtbetrag von 4.496,49 € unverzüglich auf unser Konto.

Mit freundlichen Grüßen

Walter Weitblick

Die gelieferte Ware bleibt bis zur endgültigen Bezahlung unser Eigentum.

4.1 Ermittle, an welchem Tag das Mahnschreiben verfasst wurde.

4.2 Bilde jeweils den erforderlichen Buchungssatz.
Für die ursprüngliche Ausgangsrechnung:

Für die Belastung des Kunden mit den Verzugszinsen:

Für die Begleichung der Gesamtschuld per Banküberweisung:

5 Auf deinem Schreibtisch liegt eine Eingangsrechnung. ___ von 13 F

Kunststoffwerk Krümmel
Ratterweg 24, 93413 Cham
E-Mail: kruemmel@t-online.de
Telefon (0 99 71) 20 00 / Fax (0 99 7 1) 200 02
USt.-IdNr. DE156164688 / St.-Nr. 8321/233/40440

Krümmel
KK
Kunststoffwerk

BWW e. K.
Modestraße 37
92637 Weiden

Rechnung Nr. 587 Cham, 10. 10. 20..

Sehr geehrter Herr Weitblick,
für die Lieferung vom 03. 10. 20.. erlauben wir uns Ihnen zu berechnen

Einstärkengläser	Art. Nr. E 6420	5.770,00 €
Gleitsichtgläser	Art. Nr. G 7531	5.660,00 €
Warenwert netto		11.430,00 €
Umsatzsteuer 19 %		2.171,70 €
Gesamtbetrag		13.601,70 €

Zahlungsziel 30 Tage
Bei Bezahlung innerhalb von 10 Tagen erhalten Sie 2 % Skonto.
Bankverbindung: Frankenbank Cham, IBAN: DE21 5709 8700 0000 4509 88, BIC: DFBADENBPM1

5.1 Bilde den Buchungssatz für den Eingang der Rechnung bei BWW e. K.

5.2 Bilde den Buchungssatz, wenn BWW e. K. die Rechnung innerhalb der Skontofrist per Banküberweisung begleicht.

5.3 Ermittle rechnerisch, ob es sich für BWW e. K. gelohnt hat, das Konto für die Inanspruchnahme des Skontos zu überziehen, wenn die Bank 11 % Zinsen für die Überziehung berechnet hat.

6 Für den Kauf von drei neuen Maschinen benötigt BWW e. K. ein Bankdarlehen. Der Finanzierungsbedarf liegt bei 144.000,00 €. ___ von 7 F

Du hast bereits zwei Angebote eingeholt, die folgende Informationen enthalten.

Volkskasse Weiden	
Zinssatz:	3,50 % p. a.
Disagio:	4,00 %
Laufzeit:	9 Monate

Frankenbank Weiden	
Zinssatz:	4,30 % p. a.
Disagio:	5.000,00 €
Laufzeit:	9 Monate
Kreditsumme:	145.000,00 €
effektive Verzinsung:	9,05 %

Die Angaben zum Angebot der Volkskasse Weiden sind unvollständig.

6.1 Berechne die Höhe des tatsächlich benötigten Kredits bei der Volkskasse Weiden.

6.2 Berechne die tatsächlichen Kreditkosten bei der Volkskasse.

6.3 Berechne die effektive Verzinsung für das Kreditangebot der Volkskasse Weiden.

6.4 Nenne einen möglichen Grund dafür, dass sich dein Chef von BWW e. K. für das Angebot der Frankenbank Weiden entschieden hat.

____

Notenschlüssel

1	2	3	4	5	6
0–4,5 F	5–10 F	10,5–17 F	17,5–24,5 F	25–31 F	31,5–58 F

So lange habe ich gebraucht: ________

So viele Fehler habe ich gemacht: ________

Stegreifaufgabe 5

- Inhalt: Wertpapiere
- Zeitbedarf: 20 Minuten

Du bist Mitarbeiter/-in in der Abteilung Rechnungswesen/Buchführung im Unternehmen Flitzer-Inlineskates e. Kfr., das sich in seinem Stammwerk in Deggendorf auf die Herstellung von Inlineskates spezialisiert hat. Die Inhaberin ist Gerhild Flitzer. Im Rahmen deiner Tätigkeit bist du mit den Aufgaben in der Buchhaltung betraut.

Flitzer
Inlineskates

1 Welche Aussagen zu Aktien sind richtig, welche falsch? Kreuze an (✗). ___ von 6 F

	Richtig	Falsch
(A) Wenn der Verkaufserlös niedriger ist als die Anschaffungskosten, spricht man von einem Kursgewinn.	☐	☐
(B) Alle Wertpapiere sind Effekten.	☐	☐
(C) Die Spesen erhöhen die Anschaffungskosten.	☐	☐
(D) Als Wertpapierbesitzer erhält man immer eine Dividende.	☐	☐
(E) Die Dividende ist der Ertrag für Gläubigerpapiere.	☐	☐
(F) „Billig“ heißt, dass zu jedem Kurs gekauft wird.	☐	☐

2 Oje, der Azubi Michl hat einen Kaffeefleck auf dem Beleg entdeckt. Du kannst ihm sicher helfen. ___ von 8 F

Isarbank München

Abrechnung Wertpapierkauf — 15. April 20..

Stk 400	Stahl-AG-Aktien	ISIN DE 0005557508

Betrag (€)

Kommissionsgeschäft in München

Kurs	21,00	
Verwahrung	Girosammeldepot	
Beleg-Nr.	21356	

Schlusstag 15. 04. 2013 Wert 17. 04. 2013

Gerhild Flitzer e. Kfr.
Gewerbegebiet 10–12
94469 Deggendorf

Depot 157890 Konto 29608

2.1 Erstelle die Abrechnung für den Beleg, wenn Spesen in Höhe von 1 % anfallen.

2.2 Bilde den erforderlichen Buchungssatz.

2.3 An welchem Datum (Tag und Monat) wurde das Konto von Flitzer-Inlineskates e. Kfr. belastet?

2.4 Am 30. 09. 20.. schrieb die Bank für die Aktien der Stahl AG eine Stückdividende von 1,25 € gut. Erstelle den Buchungssatz für die Dividendengutschrift.

3 Gerhild Flitzer möchte in ein neues Firmengebäude investieren und benötigt dafür das bereits in Aktien angelegte Geld. Beim Kauf der Aktien des Unternehmens Räder AG hatte Frau Flitzer für 200 Stück 7.100,00 € bezahlt. Ein Verkauf kommt für sie nur infrage, wenn sie keinen Verlust erwirtschaftet. Derzeit steht der Kurs bei 36,30 € (Spesen 1 %). Außerdem fallen Buchungsgebühren von 5,00 € an. ___ von 8 F

3.1 Begründe rechnerisch, ob Gerhild Flitzer die Aktien ohne Verlust verkaufen kann.

3.2 Bilde den Buchungssatz für den Verkauf der Aktien.

3.3 Gerhild Flitzer möchte einen Gewinn von mindestens 1.500,00 € (Spesen 1 % vom Kurswert) erzielen. Zu welchem Kurs müssten die Aktien der Räder AG verkauft werden, wenn weiterhin Buchungsgebühren in Höhe von 5,00 € anfallen?

Notenschlüssel

1	2	3	4	5	6
0–2 F	2,5–4 F	4,5–6,5 F	7–9,5 F	10–12 F	12,5–22 F

So lange habe ich gebraucht: __________

So viele Fehler habe ich gemacht: __________

Stegreifaufgabe 6

- Inhalt: Personalaufwand
- Zeitbedarf: 20 Minuten

Du bist Mitarbeiter/-in in der Abteilung Rechnungswesen/Buchführung im Unternehmen Süßwaren Elly Schleck e. K., das edle Schokoladen und Pralinen herstellt. Im Rahmen deiner Tätigkeit bist du mit den Aufgaben in der Buchhaltung betraut.

Süßwaren Elly Schleck

1 Ordne den einzelnen Fragen die entsprechende(n) Antwort(en) (siehe unten) zu. ___ von 4 F

Frage	Antwort
Von welcher Größe ausgehend werden die Sozialversicherungsbeiträge berechnet?	
Wer übernimmt die Beiträge zur Sozialversicherung?	
Wer zahlt den Beitrag zur gesetzlichen Unfallversicherung?	
Welche Größe ist die Grundlage für die Berechnung des Solidaritätszuschlags?	

Arbeitgeber – Arbeitnehmer – Bruttolohn – Lohnsteuer – Kirchensteuer – Nettolohn – Finanzamt – Krankenkassen *(nicht alle Antwortalternativen werden benötigt, Mehrfachnennung möglich)*

2 Dir liegt folgende Lohnliste für den Monat März der Firma Elly Schleck e. K. vor: ___ von 11 F

Name	Steuerklasse	Bruttolohn (€)	Lohnsteuer (€)	Kirchensteuer (€)	Solidaritätszuschlag (€)	Sozialvers. (AN-Anteil) (€)	Sozialvers. (AG-Anteil) (€)	Nettolohn (€)
Udo Strebsam	3/0	3.811,03	413,66	–	22,75	853,72	815,64	2.594,08
Heinz Langsam	1/0	3.030,00	467,33	37,38	25,69	618,89	591,28	1.880,71
Magda Sparsam	1/0	1.950,00	246,75	–	13,50	398,30	380,53	1.291,45
Summe		**8.791,03**	**1.127,74**	**37,38**	**61,94**	**1.870,91**	**1.787,45**	**5.766,24**

2.1 Bilde den Buchungssatz für die Lohnabrechnung, wenn die Auszahlung per Banküberweisung erfolgt.

2.2 Dir liegt folgender Beleg vor. Erstelle den Buchungssatz für die Sammelüberweisung.

ISARBANK MÜNCHEN **IBAN: DE21 7405 5179 0000 7894 58**
Kontoauszug **BIC: BBSADEM1RS** Seite 1/1
8. April/08:10 Uhr Nummer 36

Bu.-Tag	Wert	Bu.-Nr.	Vorgang	Zusatzinformation	Betrag (€)
05. 04.	08. 04.	1356	Überweisung Finanzamt, eingehaltene Steuern	für Monat März	1.227,06 –
05. 04.	08. 04.	1357	Überweisung AOK, eingehaltene Soz.-Vers.	für Monat März	3.658,36 –
05. 04.	08. 04.	1358	Elly Schleck – s. u.	Private Krankenversicherung	275,00 –

Kontokorrentkredit EUR 40.000,00
Verfügbar EUR 60.000,00

alter Kontostand 8.760,00 +
neuer Kontostand 3.599,58 +

Süßwaren Elly Schleck e. K.
Sommerweg 7
80333 München

3 Formuliere zu folgendem Buchungssatz den passenden Geschäftsfall. ___ von 2 F

6420 BBG an 4400 VE 2.560,00 €

4 Der langjährige Mitarbeiter Fritz Freitag hat geheiratet. Er hat mit seiner Ehefrau Frieda bereits eine zweijährige Tochter, Lotta. Frieda arbeitet nun seit Kurzem wieder ganztags und verdient fast genauso viel wie ihr Mann. Dessen monatlicher Bruttolohn beläuft sich auf 2.024,00 €. ___ von 5 F

4.1 Bestimme mithilfe der nachfolgenden Steuertabelle Herrn Freitags Steuerklasse und die Höhe der steuerlichen Pflichtabgaben.

Steuertabelle:

Kinderfreibetrag			0		0,5		1		1,5		2		2,5		3	
ab Lohn	**StKl**	**Lohnsteuer**	**SolZu**	**KiSt**	**SolZu**	**KiSt**	**SolZu**	**KiSt**	**SolZu**	**KiSt**	**SolZu**	**KiSt**	**SolZu**	**KiSt**	**SolZu**	**KiSt**
2.016,00	**I**	**222,83**	12,25	17,82	8,06	11,72	0,00	6,01	0,00	1,40	0,00	0,00	0,00	0,00	0,00	0,00
	II	**193,83**	ist nicht möglich		6,56	9,54	0,00	4,12	0,00	0,06	0,00	0,00	0,00	0,00	0,00	0,00
	III	**40,16**	0,00	3,21	0,00	0,00	0,00	0,00	0,00	0,00	0,00	0,00	0,00	0,00	0,00	0,00
	IV	**222,83**	12,25	17,82	10,12	14,72	8,06	11,72	5,85	8,82	0,00	6,01	0,00	3,52	0,00	1,40
	V	**446,16**	24,53	35,69	**Keine Berücksichtigung von Kinderfreibeträgen in den Steuerklassen V und VI**											
	VI	**477,83**	26,28	38,22	BVSP: 179,17		– III 242,25		TAGZ: 161,00		BVSP/TAGZ nicht anzuwenden bei Steuerklasse VI					
2.019,00	**I**	**223,50**	12,29	17,88	8,09	11,78	0,00	6,06	0,00	1,44	0,00	0,00	0,00	0,00	0,00	0,00
	II	**194,50**	ist nicht möglich		6,59	9,59	0,00	4,16	0,00	0,10	0,00	0,00	0,00	0,00	0,00	0,00
	III	**40,66**	0,00	3,25	0,00	0,00	0,00	0,00	0,00	0,00	0,00	0,00	0,00	0,00	0,00	0,00
	IV	**223,50**	12,29	17,88	10,16	14,78	8,09	11,78	5,96	8,86	0,00	6,06	0,00	3,56	0,00	1,44
	V	**447,33**	24,60	35,78	**Keine Berücksichtigung von Kinderfreibeträgen in den Steuerklassen V und VI**											
	VI	**478,83**	26,33	38,30	BVSP: 179,42		– III 242,58		TAGZ: 161,17		BVSP/TAGZ nicht anzuwenden bei Steuerklasse VI					
2.022,00	**I**	**224,25**	12,33	17,94	8,13	11,83	0,00	6,10	0,00	1,47	0,00	0,00	0,00	0,00	0,00	0,00
	II	**195,16**	ist nicht möglich		6,63	9,64	0,00	4,20	0,00	0,12	0,00	0,00	0,00	0,00	0,00	0,00
	III	**41,00**	0,00	3,28	0,00	0,00	0,00	0,00	0,00	0,00	0,00	0,00	0,00	0,00	0,00	0,00
	IV	**224,25**	12,33	17,94	10,20	14,84	8,13	11,83	6,10	8,92	0,00	6,10	0,00	3,60	0,00	1,47
	V	**448,16**	24,64	35,85	**Keine Berücksichtigung von Kinderfreibeträgen in den Steuerklassen V und VI**											
	VI	**479,66**	26,38	38,37	BVSP: 179,67		– III 242,92		TAGZ: 161,42		BVSP/TAGZ nicht anzuwenden bei Steuerklasse VI					
2.025,00	**I**	**224,91**	12,37	17,99	8,17	11,88	0,00	6,15	0,00	1,50	0,00	0,00	0,00	0,00	0,00	0,00
	II	**195,83**	ist nicht möglich		6,66	9,70	0,00	4,24	0,00	0,16	0,00	0,00	0,00	0,00	0,00	0,00
	III	**41,50**	0,00	3,32	0,00	0,00	0,00	0,00	0,00	0,00	0,00	0,00	0,00	0,00	0,00	0,00
	IV	**224,91**	12,37	17,99	10,23	14,89	8,17	11,88	6,16	8,96	0,00	6,15	0,00	3,64	0,00	1,50
	V	**449,00**	24,69	35,92	**Keine Berücksichtigung von Kinderfreibeträgen in den Steuerklassen V und VI**											
	VI	**480,66**	26,43	38,45	BVSP: 179,92		– III 243,33		TAGZ: 161,67		BVSP/TAGZ nicht anzuwenden bei Steuerklasse VI					

4.2 Oje, Herr Freitag ist auf dem Weg zur Arbeit gestürzt und hat sich den rechten Arm gebrochen. Neben diesem „Wegeunfall“ gibt es noch weitere Fälle, bei denen die gesetzliche Unfallversicherung den entstandenen Schaden übernimmt. Nenne zwei.

____

____

Notenschlüssel

1	2	3	4	5	6
0–2 F	2,5–4 F	4,5–6,5 F	7–9,5 F	10–12 F	12,5–22 F

So lange habe ich gebraucht: ________

So viele Fehler habe ich gemacht: ________

Schulaufgabe 3

- Inhalte: Wertpapiere, Personalaufwand
- Zeitbedarf: 60 Minuten

Kati Klunker hat sich in ihrem Werk in Regensburg auf die Produktion von nickelfreiem Modeschmuck jeglicher Art spezialisiert. Du bist Mitarbeiter/-in in der Abteilung Rechnungswesen/Buchführung bei „MKK e. Kfr.“. Im Rahmen deiner Tätigkeit kümmerst du dich zeitweise um Betriebspraktikant(inn)en der örtlichen Realschule.

Kati Klunker

Informationen zum Unternehmen

Inhaberin	Kati Klunker
Rechtsform	Einzelunternehmen
Anschrift (Firmensitz)	Blechgasse 37, 93047 Regensburg
Zweck des Unternehmens	Herstellung von nickelfreiem Modeschmuck
Geschäftsjahr	1. Januar bis 31. Dezember 20..

Werkstoffe und Handelswaren

Rohstoffe	Gold, Weißgold, Silber ...
Hilfsstoffe	Draht (nickelfrei), Rundgummi (spezial), Lötzinn, Spezialkleber
Fremdbauteile	Perlen aus Glas, Karabinerverschlüsse, Ösen, Goldringe
Betriebsstoffe	Strom, Gas, Wasser, Reinigungsmittel ...
Handelswaren	Tücher, Schals

1 Bearbeite die Fragen und Aufgaben zu folgendem Text und Schaubild. ___ von 10 F

Zahl der Zweitjobs nimmt zu

Minijobs werden immer begehrter – doch was sind die Gründe dafür?

Immer mehr Arbeitnehmer in Deutschland verdienen sich neben ihrer Hauptbeschäftigung noch etwas über einen Minijob hinzu – im Vorjahr [2011] war es nach Angaben der Bundesagentur für Arbeit jeder elfte Beschäftigte. Damit hat sich die Zahl der Zweitjobs seit dem Jahr 2003 mehr als verdoppelt: von 1,157 Millionen im Juni 2003 auf 2,5 Millionen im Juni 2011. Der Anteil der Nebenjobber unter Männern und Frauen mit einer sozialversicherungspflichtigen Beschäftigung ist entsprechend von 4,3 auf 8,8 Prozent gestiegen.

Gründe für den Anstieg

Diese Zahlen laden zu unterschiedlichen Interpretationen ein. Während die einen den Anstieg damit begründen, dass das Geld aus einer Arbeitsstelle vielen Arbeitnehmern nicht mehr reiche, weisen die anderen darauf hin, dass ein Nebenjob bessere Hinzuverdienstmöglichkeiten schaffe als Überstunden bei der Hauptbeschäftigung. Das Besondere an den Minijobs ist nämlich, dass der Arbeitnehmer bis 400 Euro im Monat steuer- und abgabenfrei hinzuverdienen kann.*

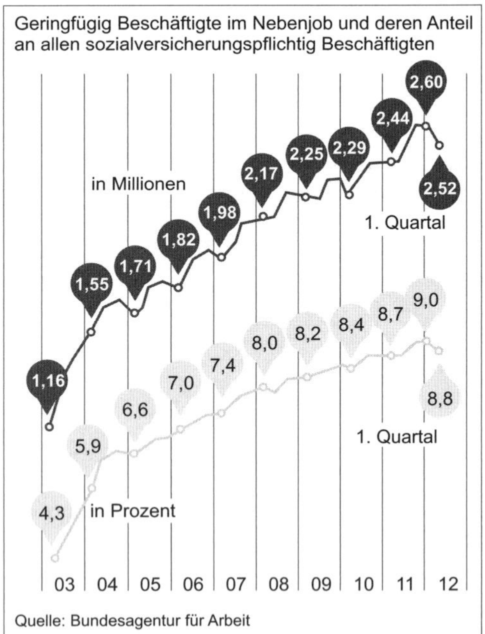

* Anmerkung: Seit 2013 ist ein Zuverdienst von 450 € möglich. Allerdings sind Beiträge zur Rentenversicherung zu leisten.

1.1 Von wem stammen diese Zahlen?

____

1.2 Um welche Diagrammart handelt es sich?

____

1.3 Welche Aussagen zur Grafik und zum Text sind richtig? Kreuze an (✗) und korrigiere falsche Aussagen.

	Richtig	Falsch
Im Jahr 2011 übten 11 % der Beschäftigten einen Minijob aus.	☐	☐
2011 haben laut Statistik 15 000 Arbeitnehmer mehr als 2010 einen Zusatzjob ausgeübt.	☐	☐

1.4 Nenne zwei Gründe für die steigende Attraktivität von Nebenjobs.

____

____

1.5 Berechne die prozentuale Veränderung der Zahl der Nebenjobber von Juni 2003 auf Juni 2011 (siehe Text!).

2 Kati Klunker muss sich immer wieder über die sogenannten Personalzusatzkosten ärgern, denn sie sind in Deutschland sehr hoch. ___ von 6 F

2.1 Kennzeichne die Kennbuchstaben der drei tariflichen, betrieblichen bzw. freiwilligen Personalzusatzkosten.

(A) Bezahlte Feiertage
(B) Betriebliche Altersvorsorge
(C) Lohnfortzahlung im Krankheitsfall
(D) Urlaubsgeld
(E) Zuschüsse zu vermögenswirksamen Leistungen
(F) Arbeitgeberanteil zur Sozialversicherung

2.2 Erläutere den Unterschied zwischen „Lohn“ und „Gehalt“.

____

____

____

2.3 Erkläre kurz, was man unter „Zweitlohn“ versteht.

____

3 Folgende Lohnliste für Februar liegt dir bei MKK e. Kfr. zur Bearbeitung vor. ___ von 15 F

Name	Steuerklasse	Bruttolohn (€)	Lohnsteuer (€)	Kirchensteuer (€)	Solidaritätszuschlag (€)	Sozialvers. (AN-Anteil) (€)	Sozialvers. (AG-Anteil) (€)	Auszahlung (€)
Rudolf Schatzling	3/0	3.811,03	413,66	–	22,75	853,72	815,64	2.520,90
Hertha Schnösel	1/0	3.030,00	467,33	37,38	25,69	618,89	591,28	1.880,71
Berti Schönmann	1/0	1.950,00	246,75	–	13,50	398,30	380,53	1.291,45
Cäsar Schnuckl	1/0	3.900,00	710,91	–	39,09	796,58	761,04	2.353,42
Heidi Schussel	1/0	2.655,33	379,08	30,32	20,84	535,71	511,81	1.689,38
Gesamt		**15.346,36**	**2.217,73**	**67,70**	**121,87**	**3.203,20**	**3.060,30**	**9.735,86**

3.1 Welche Gemeinsamkeit kannst du feststellen …

– bei allen fünf Arbeitnehmern?

____

– speziell bei den Arbeitnehmern Schatzling, Schönmann und Schnuckl?

____

3.2 Beiträge zur Sozialversicherung gehören zu den Pflichtabgaben jedes Arbeitnehmers.

– Welche der aufgeführten Versicherungen ist darin nicht enthalten? Streiche sie durch.

Krankenversicherung / Unfallversicherung / Arbeitslosenversicherung / Rentenversicherung / Pflegeversicherung

– MKK e. Kfr. muss die einbehaltenen Sozialversicherungsbeiträge bis zum 10. des Folgemonats überweisen. Hier ist ein Empfänger aufgeführt. Unterstreiche diesen.

Berufsgenossenschaft / Einwohnermeldeamt (Rathaus) / Finanzamt / Krankenkasse

3.3 Bilde den Buchungssatz für die Sammelüberweisung der Löhne per Bank.

3.4 Am 8. März werden von MKK e. Kfr. per Bank überwiesen:

- die einbehaltenen Pflichtabgaben der Arbeitnehmer (siehe oben),
- die Einkommensteuervorauszahlung von Kati Klunker in Höhe von 525,25 €.

Bilde den entsprechenden Buchungssatz.

4 Folgender Beleg ist leider verschmutzt. Dennoch muss er buchhalterisch erfasst werden. ___ von 10 F

Kati Klunker
Blechgasse 37
93047 Regensburg

Kati Klunker • Blechgasse 37 • 93047 Regensburg
Schmuckstüberl
Edelstraße 20
93326 Abensberg

Inhaberin: Kati Klunker
Steuer-Nr.: 636/980/24496
USt-IdNr.: DE 774547190
Tel.: 0941/1515-1 Fax: 1515-2
Internet: *www.kati-klunker.de*

Rechnung

Regensburg, 18. 03. 20..

Rechnungsnr. 14/16 Kundennr. 153 Sachbearbeiterin: Frau Liebig

Ihr Auftrag vom 10. 03. 20.. Wir lieferten Ihnen am 17. 03. 20..:

Pos.	Menge	Bezeichnung	Einzelpreis (€)	Gesamtpreis (€)
1	30	Ohrringe S-Serie	5,95	178,50
2	18	Ringe S-Serie	4,80	86,40
3	24	Halsketten S-Serie	8,30	199,20
		abzüglich Kundenrabatt 10 %		[illegible]

Nettowert	UST 19 %	Rechnungsbetrag:
417,69 €	79,36 €	[illegible]

Die Rechnung ist fällig am 17. 04. 20..
Bei Zahlung innerhalb von 8 Tagen gewähren wir 2 % Skonto.
Die Ware bleibt bis zur vollständigen Bezahlung unser Eigentum.
Bankverbindung: Sparbank Regensburg IBAN: DE21 7807 5555 0006 8255 90 • BIC: PBNKDERRMI1

4.1 Bilde den dazugehörigen Buchungssatz.

4.2 Wie viel Rabatt in Euro hat MKK e. Kfr. gewährt?

4.3 Das Schmuckstüberl begleicht die Rechnung am 26. 03. 20.. Bilde den Buchungssatz für die Banküberweisung.

5 Zur Erneuerung des Fuhrparks beschließt MKK e. Kfr., einen Lieferwagen für die Kundenbetreuung anzuschaffen. Der Lieferwagen soll unter anderem durch den Verkauf von Aktien und durch eine Kreditaufnahme finanziert werden. ___ von 17 F

5.1 Beim Kauf der Henkel-Aktien betrugen die Anschaffungskosten 10.849,62 €. Bilde den Buchungssatz für den Kauf der Aktien.

5.2 Am Tag des Kaufs hat Kati Klunker folgenden Tageskurs der Henkel-Aktien im Internet ausfindig gemacht. Ermittle, wie viele Aktien sie erworben hat, wenn die Spesen 1 % vom Kurswert betrugen.

Tops ↑		**Flops** ↓	
COMMERZBANK A **7,66 €**	**1,04** **15,65 %**	ADIDAS AG **84,00 €**	**–1,78** **–2,08 %**
DT. TELEKOM **9,75 €**	**0,70** **7,71 %**	BEIERSDORF **67,30 €**	**–0,93** **–1,36 %**
K+S **17,85 €**	**0,87** **5,09 %**	SAP **56,10 €**	**–0,48** **–0,85 %**
HENKEL **76,73 €**	**2,17** **2,91 %**	MÜNCH. RÜCK **143,65 €**	**–0,65** **–0,45 %**
LANXESS **45,50 €**	**1,10** **2,48 %**	SIEMENS **83,15 €**	**–0,28** **–0,34 %**

5.3 Folgender Buchungssatz liegt dir vor. Formuliere einen passenden Geschäftsfall.

2800 BK an 5780 DDE 124,00 €

5.4 Folgender Abschnitt eines Kontoauszugs liegt dir vor. Bilde den entsprechenden Buchungssatz.

Sparbank Regensburg	KONTOAUSZUG	IBAN: DE21 7807 5555 0006 8255 90 BIC: BDELDEM1DE
Kontoauszug 20. März/9:18 Uhr	Firma Modeschmuck Kati Klunker e. Kfr. Blechgasse 37 93047 Regensburg	Nummer 25 Seite 1/1

Bu.-Tag	Wert	Bu.-Nr.	Vorgang	Betrag (€)	
19. 03.	19. 03.	6543	Verkauf der Henkel-Aktien	12.580,00	H

5.5 Kati Klunker konnte sich über eine Effektivverzinsung von 6,81 % freuen. Berechne, wie viele Tage Frau Klunker die Aktien im Besitz hatte, wenn Depotgebühren in Höhe von 18,00 € angefallen sind.

5.6 Als Börsen-Experte/Expertin sollst du Frau Klunker bei der Vervollständigung des folgenden Lückentexts unterstützen. Setze die fehlenden Begriffe ein.

Das wichtigste Börsenbarometer in Deutschland ist der DAX. Er umfasst die ______________ umsatzstärksten deutschen Unternehmen. In den USA ist der ______________________ der bekannteste Aktienindex. Grundsätzlich fallen beim Kauf von Aktien Spesen an, die sich aus der Provision für die Bank und der ____________________ für den Börsenmakler zusammensetzen.

Notenschlüssel

1	2	3	4	5	6	
0–5 F	5,5–10,5 F	11–17,5 F	18–25 F	25,5–32 F	32,5–58 F	

So lange habe ich gebraucht: __________

So viele Fehler habe ich gemacht: __________

Schulaufgabe 4

- Inhalte: Wertpapiere, Personalaufwand
- Zeitbedarf: 60 Minuten

Gustav Zwergerl hat sich in seinem Werk in Bayerisch Eisenstein auf die Produktion von hochwertigen Spielsachen aus Holz spezialisiert. Als Mitarbeiter/-in in der Abteilung Rechnungswesen/Buchführung der Firma Spielgarten Gustav Zwergerl, abgekürzt „SGZ e. K.", bist du für sämtliche buchhalterischen Aufgaben zuständig.
Zusätzlich kümmerst du dich zeitweise um Betriebspraktikant(inn)en der örtlichen Realschule, derzeit um Praktikantin Auguste.

Spielgarten SGZ Gustav Zwergerl

Informationen zum Unternehmen

Inhaber	Gustav Zwergerl
Rechtsform	Einzelunternehmen
Anschrift (Firmensitz)	Am Wald 22, 94252 Bayerisch Eisenstein
Zweck des Unternehmens	Herstellung von hochwertigem, schadstofffreiem Holzspielzeug
Geschäftsjahr	1. Januar bis 31. Dezember 20..

Werkstoffe und Handelswaren

Rohstoffe	heimische Hölzer
Hilfsstoffe	Spezialscharniere
Fremdbauteile	ungiftige Lacke, Nägel, Schrauben
Betriebsstoffe	Strom, Gas, Wasser, Reinigungsmittel ...
Handelswaren	Plastikbälle

1 In der Zeitung siehst du folgende Grafik mit beistehendem Text. ___ von 6 F

Toprendite mit Aktien

Attraktive Dividenden, günstige Kurse und mangelnde Anlagealternativen angesichts historisch niedriger Zinsen haben im vergangenen Jahr die Aktienkurse beflügelt. Wer am ersten Handelstag 2012 deutsche Standardaktien (DAX-Werte) kaufte, der konnte bis Anfang 2013 im Schnitt eine Rendite von etwa 28 Prozent verbuchen. So wurden aus 10.000 Euro nach einem Jahr etwa 12.800 Euro (einschließlich Dividenden).

Auch Goldliebhaber konnten sich über einen Wertzuwachs freuen, der mit gut 4 Prozent freilich deutlich niedriger ausfiel. Aufgrund des allgemein niedrigen Zinsniveaus mussten sich Zinssparer mit durchschnittlich 1 bis 2 Prozent Rendite für Sparbriefe und Termineinlagen begnügen. Anleger, die auf Bundesanleihen oder Bundesobligationen setzten, konnten den Zinskupon mit Kursgewinnen aufbessern. Denn die Kurse börsengehandelter Bundeswertpapiere haben im vergangenen Jahr aufgrund hoher Nachfrage oft weiter angezogen.

Was war die beste Geldanlage 2012?

aus 10.000 Euro, angelegt zu Jahresbeginn 2012, wurden bis Anfang 2013

Deutsche Aktien (DAX-Werte)	12.800 €
Gold	10.430 €
Bundesobligationen (5 Jahre Laufzeit)	10.300 €
Sparbriefe (4 Jahre Laufzeit)*	10.200 €
Termineinlagen bei Banken (bis 1 Jahr Laufzeit)*	10.130 €
Spareinlagen (3 Monate Kündigungsfrist)*	10.050 €

* Durchschnittswerte: Zinssätze variieren von Bank zu Bank.

Quelle: Bundesverband deutscher Banken e. V.

1.1 In der Grafik sind zwei Effekten aufgeführt. Nenne diese.

____

1.2 Praktikantin Auguste hat sich den Text durchgelesen und die Grafik betrachtet. Danach hat sie ein paar Begriffe im Wirtschaftslexikon gesucht. Welche Begriffe hat sie nachgeschlagen? Lies dir die Definitionen durch und setze dann den entsprechenden Fachbegriff ein.

Fachbegriff	Definition
	… ist der Teil des Gewinns, den eine Aktiengesellschaft an ihre Aktionäre oder eine Genossenschaft an ihre Mitglieder ausschüttet.
	… bezeichnet das Verhältnis der Auszahlungen zu den Einzahlungen einer Geld- bzw. Kapitalanlage und wird meist in Prozent und jährlich angegeben.
	… spiegelt die Entwicklung der 30 größten und umsatzstärksten an der Frankfurter Wertpapierbörse gelisteten Unternehmen wider.

1.3 Von den nachfolgenden Aussagen zur Geldanlage sind nicht alle richtig. Gib die Kennbuchstaben der zwei richtigen Aussagen an.

(A) Geldanlagen mit hohem Risiko haben meist eine hohe Rentabilität.
(B) Wichtige Anlageziele bei der Geldanlage sind Sicherheit, Rentabilität und Zinsen.
(C) Das wichtigste Anlagekriterium ist die Sicherheit.
(D) Geldanlagen mit einem hohen Liquiditätsgrad bringen meist nur einen geringen Ertrag.

____

2 Gustav Zwergerl verfolgt seit Längerem den Kurs der Aktien des großen Spielzeugherstellers „Kinderparadies". Nachdem zu Beginn des Jahres 2013 der Kaufkurs bei 53,40 € lag, entschloss er sich am 15. Februar 2013 255 Stück für 51,60 € zu kaufen. ___ von 16 F

2.1 Bilde den Buchungssatz für den Kauf der Aktien (Spesen 1 % vom Kurswert).

2.2 Auguste bittet dich, ihr bei der Bearbeitung des verschmutzten Vorkontierungsblatts behilflich zu sein.

BA	Datum	Soll	Haben	BNr.	Text	B/N	Betrag (EUR)	UCo
B	20. 03.	2800	5780	55		–	357,00	–
B	21. 03.	4250	2800	56		–	8.891,90	–

– Formuliere den Geschäftsfall zu der Eintragung mit der Belegnummer 55.

____

____

– Berechne die Stückdividende der Kinderparadies-Aktien unter der Annahme, dass Gustav Zwergerl eine Dividende von insgesamt 357,00 € für diese Aktien erhalten hat.

2.3 Am 01. Juni entschließt sich Gustav Zwergerl, seine Kinderparadies-Aktien wieder zu verkaufen, weil er liquide Mittel benötigt.

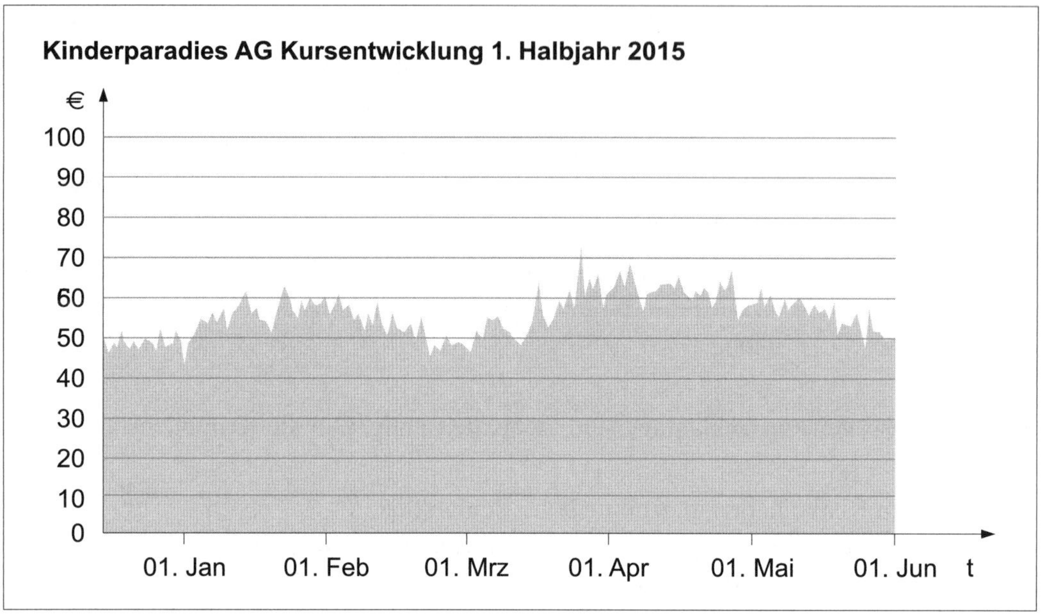

– Erkläre der Praktikantin Auguste den Ausdruck „liquide“.

– Bilde den Buchungssatz für den Verkauf der Aktien zum 01. Juni 2015.

2.4 Berechne die effektive Verzinsung dieser Aktienanlage.

3 Folgender Auszug aus einer Rechnung liegt zur Bearbeitung auf deinem Schreibtisch. ___ von 15 F

Hans Ball e. K.
Ihr
Sportartikelexperte

Hans Ball • Gewerbering 10 • 92421 Schwandorf

An
Gustav Zwergerl
Am Wald 22
94252 Bayerisch Eisenstein

Gewerbering 10
☎ 09431 – 555 666
Fax: 09431 – 555 667
E-Mail: h.ball@t-online.de
St-Nr.: 200/400/73600

Rechnung

Schwandorf, 20. 02. 20. .

Rechnungsnr. 20 Kundennr. 59 Sachbearbeiter: Herr Lustig

Ihr Auftrag vom 15. 02. 20. . Wir lieferten Ihnen am 20. 02. 20. .:

Pos.	Menge	Bezeichnung	Einzelpreis (€)	Gesamtpreis (€)
1	58	Plastikbälle „gestreift"	3,49	202,42
		abzüglich Kundenrabatt 5 %		10,12
		Zwischensumme		192,30
		zuzüglich Leihverpackung		30,00
		Warenwert, netto		222,30

	UST 19 %	Rechnungsbetrag
	42,24 €	**264,54**

3.1 Bilde den dazugehörigen Buchungssatz.

3.2 Für die zurückgesandte Leihverpackung erhält SGZ e. K. eine Gutschrift, 35,70 € brutto. Bilde den Buchungssatz.

3.3 SGZ e. K. begleicht den noch offenen Rechnungsbetrag innerhalb von zehn Tagen, damit der Skonto in Höhe von 2 % in Anspruch genommen werden kann.
Bilde den Buchungssatz für den Ausgleich des noch offenen Rechnungsbetrags.

4 Die Praktikantin Auguste ist sich bei einigen Aussagen nicht sicher und benötigt deine Hilfe. Kreuze an (✗) und korrigiere falsche Aussagen.

___ von 4 F

	Richtig	Falsch
Der Solidaritätszuschlag beträgt in Bayern in der Regel 8,00 % der Lohnsteuer. _______________________________	☐	☐
Der Gesetzgeber hat jeden Arbeitgeber verpflichtet, seine Arbeitnehmer gegen Unfallschäden am Arbeitsplatz zu versichern. Das schließt auch Unfälle auf dem Weg von und zur Arbeitsstelle mit ein. _______________________________	☐	☐
Die gesetzliche Unfallversicherung wird auf dem Konto 6900 VBEI (Versicherungsbeiträge) verbucht. _______________________________	☐	☐
Zu den gesetzlich geregelten Personalzusatzkosten zählen der bezahlte Urlaub und die Entgeldfortzahlung bei Krankheit. _______________________________	☐	☐

5 Bearbeite folgende Fragen und Aufgaben zur Lohn-/Gehaltsabrechnung von Frau Kinderlieb. ___ von 19 F

LOHN- UND GEHALTSABRECHNUNG Januar 2013

Frau Kirsten Kinderlieb Spielstr. 20 94209 Regen	Pers.Nr. 22	Krankenkasse / Satz AOK Bayern-Die Gesundheit (14,60 %)	
	Vers.Nr 321654	Status/Tätigkeit Kfm. Angestellte	Personengruppe 900
	St/Sv-Tage 30/30/30/30/30	StKl/Faktor/Kfb/Konf. 3 / 0,00 / 2,0 / rk	Freibetrag monatlich –

LA	Bezeichnung	Art*	Anzahl	Satz	%-Zuschlag	Betrag
10	**Gehalt**	**P/P**				**2.700,00**
	Summe der Bruttobezüge					**2.700,00**

Monatliche Werte				Jahreswerte				
Abzüge	Monat (lfd.)	Jahr (einm.)	Gesamt	Steuerpflicht		Betrag		
LSt	169,50		169,50	Lohnsteuer		169,50		
KiSt				Kirchensteuer				
SoliZ				Solidaritätszuschlag				
				SV-Pflicht	Beiträge	SV-Brutto	Auszahlung	
KV	197,10		197,10	KV 1 allgemeiner Beitrag	197,10	2.700,00		
RV	252,45		252,45	RV 1 voller Beitrag zur ArV	252,45	2.700,00	Gesamt-Brutto	2.700,00
AV	40,50		40,50	AV 1 voller Beitrag	40,50	2.700,00	Gesetzl. Abzüge	691,28 –
PV ohne Z	31,73		31,73	PV 1 voller Beitrag	31,73	2.700,00		
KV-Entgelt	2.700,00	Gesetzl. Abzüge	691,28			2.700,00	Netto-Verdienst	2.008,72
RV-Entgelt	2.700,00	Gesamt-Brutto	2.700,00			2.700,00	Pers. Be-/Abzüge	0,00
AV-Entgelt	2.700,00	Steuer-Brutto	2.700,00				Überweisung	2.008,72
PV-Entgelt	2.700,00	Stfr. Bezüge						

*Art: (P) = pflichtig (F) = frei (A) = Be-/Abzug (*) = ohne Berechnung (S)= bAV-Steuerkorrektur

5.1 Frau Kinderlieb ist in der Steuerklasse 3. Welche zwei Informationen kannst du dieser Eingruppierung entnehmen?

5.2 Welche Aussage lässt sich über die Religionszugehörigkeit von Frau Kinderlieb machen?

5.3 Ermittle den prozentualen Anteil ihres Lohnsteuerabzugs.

5.4 Der Beitragssatz zur gesetzlichen Krankenkasse wurde gesenkt.
Im Jahr 2010 betrug er für Arbeitnehmer noch 7,90 %. Frau Kinderlieb bezieht seit 2010 das gleiche Bruttogehalt. Berechne ihren monatlichen Beitrag zur Krankenkasse in Euro im Jahr 2010.

5.5 Angenommen, SGZ e. K. hätte nur diese eine Mitarbeiterin. Wie müsste die Banküberweisung gebucht werden? Der Arbeitgeberanteil an der Sozialversicherung beträgt 19,325 % des Bruttogehalts, das entspricht 521,78 €.

5.6 Am 10. Februar werden alle einbehaltenen Beträge von Frau Kinderlieb, zusammen mit der Kirchensteuer des Firmeninhabers Gustav Zwergerl in Höhe von 66,93 €, an die zuständigen Stellen per Bank überwiesen. Bilde den Buchungssatz.

Notenschlüssel

1	2	3	4	5	6
0–5,5 F	6–11 F	11,5–18,5 F	19–26 F	26,5–33,5 F	34–60 F

So lange habe ich gebraucht: ________

So viele Fehler habe ich gemacht: ________

Stegreifaufgabe 7

- Inhalt: Abschreibung auf Sachanlagen
- Zeitbedarf: 20 Minuten

Du bist Mitarbeiter/-in in der Abteilung Rechnungswesen/Buchführung im Unternehmen Bruno Glasklar e. K., das Gläser in allen Variationen und in bester Qualität herstellt. Im Rahmen deiner Tätigkeit bist du mit den Aufgaben in der Buchhaltung betraut.

1 Bruno Glasklar e. K. erwarb im März 2013 einen Polierroboter zum Preis von 150.000,00 € netto. Für den Transport fielen 1.856,40 € brutto an. Für die Installation berechnete die Montagefirma 3.141,60 € brutto. Außerdem wurde ein Rabatt in Höhe von 10 % des Kaufpreises gewährt. ____ von 7 F

1.1 Dein Chef bittet dich, die Anschaffungskosten zu berechnen.

1.2 Du hast folgende Anlagenkartei zum Polierroboter erstellt.

<table>
<tr><th colspan="7">Anlagenkartei</th></tr>
<tr><td colspan="2">Inventar-Nr. 0455</td><td colspan="2">Bezeichnung der Anlage: Polierroboter</td><td colspan="3">Baujahr 2013</td></tr>
<tr><td colspan="2">Anlagen-Konto ???</td><td colspan="2">Kostenstelle: Fertigung</td><td colspan="3">Kaufdatum: 06. 03. 2013</td></tr>
<tr><td colspan="4"></td><td colspan="3">Bestell-Nr. 15479</td></tr>
<tr><td colspan="3">Voraussichtliche Nutzungsdauer:</td><td>8 Jahre</td><td colspan="3">Garantie: 1 Jahr</td></tr>
<tr><td colspan="3">Anschaffungskosten:</td><td>??? €</td><td colspan="3"></td></tr>
<tr><td>Jahr</td><td colspan="3">Abschreibung</td><td colspan="3">Reparaturen</td></tr>
<tr><td></td><td>%-Satz</td><td>Betrag</td><td>Buchwert</td><td>Art</td><td>Tag</td><td>€</td></tr>
<tr><td>31. 12. 2013</td><td></td><td></td><td>??? €</td><td></td><td></td><td></td></tr>
<tr><td>31. 12. 2014</td><td></td><td></td><td></td><td></td><td></td><td></td></tr>
</table>

Berechne den jährlichen Abschreibungsbetrag.

1.3 Ermittle den Restbuchwert zum 31. 12. 2013.

1.4 Bilde den Buchungssatz für die Abschreibung zum 31. 12. 2013.

2 Dir liegt folgender Beleg vor. ___ von 6 F

Papermax-Büromarkt
Parkallee 101
97688 Bad Kissingen

An
Bruno Glasklar e. K.
Industriestr. 15–17
94078 Freyung

RECHNUNG Nr. 598 **16. 05. 20..**

Nr.	Stück	Artikelbezeichnung	Einzelpreis (€)	Gesamtpreis (€)
3489	2	Papierschneidemaschine „Chef“	45,00	90,00
3897	8	Druckerpatrone DP002	8,00	64,00
3654	1	Farblaserdrucker FL003	165,00	165,00
3946	2	Schreibtisch „Meister X“	670,00	1.340,00
			Warenwert, netto	1.659,00
			Umsatzsteuer 19 %	315,21
			Rechnungsbetrag	**1.974,21**

Bilde den Buchungssatz zu obigem Beleg.

3 Am 31. 12. 20.. hast du noch einige Aufgaben zu erledigen. Bilde jeweils den nötigen Buchungssatz. ___ von 7 F

3.1 Dir liegt folgendes T-Konto vor.

S	0895 SP		H
4400	170,00		
4400	589,50		
2800	950,00		

Das Konto 0895 SP muss heute, am 31. 12., abgeschlossen werden.

3.2 Der Firmen-Lkw wird Ende des 5. Jahres vollständig abgeschrieben, er wird jedoch weiterhin für Transporte im Unternehmen eingesetzt. Der Restbuchwert zum Ende des 3. Jahres betrug 36.000,00 €.

3.3 Trotz vollständiger Abschreibung taucht dieser Lkw weiterhin in der Bilanz auf. Nenne den Fachbegriff für diese Werterfassung.

____

4 Unterstreiche jeweils alle richtigen Begriffe. ___ von 2 F

4.1 Zu den Anschaffungsnebenkosten zählen unter anderem die …

Finanzierungskosten / Erschließungskosten / Installationskosten (Software) / Personalzusatzkosten

4.2 Anlagegüter dürfen abgeschrieben werden wegen …

neuer Produktionsverfahren / Unfällen / des Kaufs neuer Maschinen / Reparaturen

Notenschlüssel

1	2	3	4	5	6
0–2 F	2,5–4 F	4,5–6,5 F	7–9,5 F	10–12 F	12,5–22 F

So lange habe ich gebraucht: ________

So viele Fehler habe ich gemacht: ________

Stegreifaufgabe 8

■ Inhalt: Abschreibung auf Forderungen: Einzelwertberichtigung

■ Zeitbedarf: 20 Minuten

> Du bist Mitarbeiter/-in in der Abteilung Rechnungswesen/Buchführung im Unternehmen Tusnelda Klimper (kurz „MTK e. Kfr.“), das Modeschmuck herstellt. Im Rahmen deiner Tätigkeit liegen dir verschiedene Arbeitsaufträge vor.
>
> Tusnelda Klimper

1 Die Zahlungsmoral mancher Kunden lässt leider zu wünschen übrig und bereitet einige Unannehmlichkeiten. Bilde jeweils den erforderlichen Buchungssatz zu folgenden Vorgängen. ___ von 14 F

1.1 Der Kunde Edelstein hat sich überraschend ins Ausland abgesetzt; derzeit besteht keine Aussicht auf den Erhalt der Forderung in Höhe von 5.236,00 €.

1.2 Kunde Glitzi hat eine offene Rechnung über 7.449,40 € bisher immer noch nicht beglichen. Mittlerweile wurde über sein Vermögen ein Insolvenzverfahren eröffnet. Vor Kurzem wurde dieses Verfahren abgeschlossen und eine Insolvenzquote von 25 % festgelegt. Heute ist die entsprechende Zahlung auf dem Konto von MTK e. Kfr. eingegangen.

1.3 Eine zweifelhafte Forderung gegenüber Firma Perle wurde bereits vollständig abgeschrieben. Nun zahlt Frau Perle wider Erwarten 1.011,50 € in bar.

2 Am 31. 12. 20.. liegt dir dieses unvollständige Rechenblatt vor. ___ von 9 F

	A	B	C	D	E	F
1						
2	**Einzelwertberichtigung auf zweifelhafte Forderungen**				geschätzter Ausfall	
3	Kunde	ZWFO brutto	anteilige UST	ZWFO netto	in Prozent	in Euro
4	Trends	€	€	€	20 %	390,00 €
5	Arts	€	2.869,00 €	€	80 %	€
6	Fissil	8.817,90 €	€	€	35 %	€
7						
8			**Summe der geschätzten Ausfälle**			**€**

2.1 Berechne alle fehlenden Werte und trage sie in die obige Tabelle ein.

2.2 Gib die Formeldarstellung zur Berechnung folgender Werte an.

Zelle C5: ______________________________

Zelle F8: ______________________________

Notenschlüssel

1	2	3	4	5	6
0–2 F	2,5–4,5 F	5–7 F	7,5–10 F	10,5–12,5 F	13–23 F

So lange habe ich gebraucht: ________

So viele Fehler habe ich gemacht: ________

Stegreifaufgabe 9

- Inhalt: Abschreibung auf Forderungen: Pauschalwertberichtigung
- Zeitbedarf: 20 Minuten

Du bist Mitarbeiter/-in in der Abteilung Rechnungswesen/Buchführung der Klebefix GmbH in Erlangen, des Marktführers im Bereich Klebstoffe. Im Rahmen deiner Tätigkeit bist du mit den Aufgaben in der Buchhaltung betraut.

Klebe Fix

1 Als zuverlässiger Mitarbeiter bist du auch für die Betreuung der Praktikanten zuständig. ___ von 6 F

1.1 Der Praktikant Servatius stellt zur Abschreibung auf Forderungen zunächst ein paar Vorüberlegungen an. Sicherlich kannst du ihm helfen, jeweils alle richtigen Auswahlantworten zu unterstreichen.

(A) Das Konto 2470 ZWFO / 3680 PWB ist ein ruhendes Konto.

(B) Am Jahresende erfolgt die Bewertung aller einwandfreien / zweifelhaften Forderungen.

(C) Einwandfreie Forderungen werden einzeln / pauschal bewertet.

(D) Sobald feststeht, dass eine Forderung ganz oder teilweise verloren ist, muss / darf nicht die Umsatzsteuer ausgebucht werden.

(E) Ist die vorhandene EWB niedriger / höher als die erforderliche EWB, dann muss der Bestand herabgesetzt werden.

1.2 Servatius hat im Zusammenhang mit Forderungen den Ausdruck „indirekte Abschreibung" gehört. Erkläre, was darunter zu verstehen ist.

____

____

2 Zum Jahresabschluss liegen in den Konten 2400 FO und 3680 PWB folgende Eintragungen vor. ___ von 12 F

S	2400 FO		H
8000	59.500,00	1. 2800	4.760,00
3. 5000, 4800	2.975,00	2. 2470	2.380,00

S	3680 PWB		H
		8000	1.500,00

2.1 Formuliere einen möglichen Geschäftsfall, der der 2. Eintragung im Konto 2400 FO zugrunde liegt.

2.2 Schließe das Konto 2400 FO durch die entsprechenden Eintragungen ordnungsgemäß ab und bilde den erforderlichen Buchungssatz.

2.3 Die Pauschalwertberichtigung ist auf 1 % des Forderungsbestands festzusetzen.
Bilde den Buchungssatz.

2.4 Trage den Buchungssatz aus 2.3 in das Konto 3680 PWB ein und schließe es ordnungsgemäß ab. Wie lautet der Buchungssatz am 31. 12.?

3 Dir liegen folgende Eintragungen im Vorkontierungsblatt vor. ___ von 5 F

BA	Datum	Soll	Haben	BNr.	Text	B/N	Betrag (€)	UCo
B	22.12.	5000	2400	799	[illegible]	-B	1.190,00	U19
V	31.12.	6950	3680	841	[illegible]		700,00	

Formuliere jeweils den Geschäftsfall, der zu den Eintragungen ins Vorkontierungsblatt führte.
Buchungsnummer 799:

Buchungsnummer 841:

Notenschlüssel

1	2	3	4	5	6
0–2 F	2,5–4,5 F	5–7 F	7,5–10 F	10,5–12,5 F	13–23 F

So lange habe ich gebraucht: ________

So viele Fehler habe ich gemacht: ________

Stegreifaufgabe 10

Inhalt: Bestandsveränderungen

Zeitbedarf: 20 Minuten

Du bist Mitarbeiter/-in in der Abteilung für Rechnungswesen im Unternehmen Kuschel e. K., das sich auf die Herstellung von Stofftieren spezialisiert hat. Im Rahmen deiner Tätigkeit bist du mit den Aufgaben in der Buchhaltung betraut.

Stofftiere KUSCHEL

1 Vervollständige den Lückentext. ___ von 5 F

Beim Abschluss des Kontos 5200 BV kann sich sowohl ein ____________________ als auch ein ____________________ ergeben. Durch das ______________________________ werden die Lagerhaltungskosten möglichst gering gehalten. Es ist nur ein Mindestlagerbestand, der auch als ______________________________ bezeichnet wird, vorhanden. Hohe Kosten für z. B. ____________________ und ____________________ können dadurch vermieden werden.

2 Am 31. 12. bittet dich der Auszubildende Detlef, ihm behilflich zu sein. Er legt dir folgende T-Konten vor. ___ von 12 F

S	2020 H		H
8000 EBK	10.050,00	8010 SBK	27.000,00
6020 AWH	16.950,00		
	27.000,00		27.000,00

S	6020 AWH		H
1. 4400 VE	57.960,00	2. 4400 VE	1.800,00
6021 BZKH	2.600,00	6022 NH	1.200,00
		2020 H	16.950,00
		8020 GUV	40.610,00
	60.560,00		60.560,00

2.1 Formuliere einen möglichen Geschäftsfall, der zur Eintragung Nr. 2. im Konto 6020 AWH geführt hat.

____

____

2.2 Gib Art und Höhe der Bestandsveränderung bei den Hilfsstoffen an.

____

2.3 Welche vorbereitende(n) Abschlussbuchung(en) liegen den Eintragungen im Konto 6020 AWH zugrunde? Gib den entsprechenden Buchungssatz bzw. die entsprechenden Buchungssätze an.

2.4 Ermittle den gesamten Verbrauch an Hilfsstoffen in Euro.

3 Am Ende des Geschäftsjahres hat dein Kollege in der Abteilung Rechnungswesen/Buchführung unter anderem folgende Vorabschlussbuchungen vorgenommen. ___ von 6 F

5200 BV	an	2100 UFE	3.200,00 €
2200 FE	an	5200 BV	2.400,00 €

3.1 Welche Art der Bestandsveränderung liegt bei den fertigen Erzeugnissen vor? Erkläre diese.

____

____

3.2 Bei den UFE betrug der Anfangsbestand 22.000,00 €. Ermittle den Schlussbestand rechnerisch.

3.3 Bilde den Buchungssatz für den Abschluss des Kontos 5200 BV.

Notenschlüssel

1	2	3	4	5	6
0–2 F	2,5–4 F	4,5–7 F	7,5–10 F	10,5–12,5 F	13–23 F

So lange habe ich gebraucht: ________

So viele Fehler habe ich gemacht: ________

Schulaufgabe 5

- Inhalt: Abschreibung auf Sachanlagen und Forderungen
- Zeitbedarf: 60 Minuten

Sascha Sausewind hat sich in seinem Zweigwerk in Augsburg auf die Produktion von hochwertigen Schlittschuhen spezialisiert. Als Mitarbeiter/-in in der Abteilung Rechnungswesen/Buchführung der Firma „SaSa Schlittschuh e. K." bist du für die Bearbeitung der folgenden Aufgaben zuständig. Zusätzlich kümmerst du dich zeitweise um Betriebspraktikant(inn)en der örtlichen Realschule.

SaSa Schlittschuh

Informationen zum Unternehmen

Inhaber	Sascha Sausewind
Rechtsform	Einzelunternehmen
Anschrift (Firmensitz)	Gewerbefeld 10–12, 86150 Augsburg
Zweck des Unternehmens	Fertigung von Schlittschuhen (für Freizeit, Eishockey, Eiskunstlauf und Eisschnelllauf)
Geschäftsjahr	1. Januar bis 31. Dezember 20 . .

Werkstoffe und Handelswaren

Rohstoffe	Leder ...
Fremdbauteile	Alu-Kufen, Schnürsenkel ...
Hilfsstoffe	Farben, Kunststoffkleber ...
Betriebsstoffe	Strom, Gas, Wasser, Reinigungsmittel ...
Handelswaren	Schützer-Sets ...

1 Im Internet hast du unterschiedliche Einträge zu „Insolvenz" gefunden. ___ von 4 F

1.1 Nenne ein dir bekanntes Unternehmen, das in letzter Zeit Insolvenz anmelden musste.

____

1.2 Lange bevor ein Unternehmen Insolvenz anmelden muss, gibt es in der Regel bereits Indizien dafür, dass es in finanziellen Schwierigkeiten steckt. Nenne ein Anzeichen.

____

1.3 Unterstreiche den Fachausdruck für „zweifelhafte Forderungen".

Factoring / Debitoren / Dubiose / Delkredere

1.4 Nenne ein Beispiel für einen konkreten Fall, bei dem ein Forderungsausfall endgültig feststeht.

____

____

2 SaSa Schlittschuh e. K. erwarb am 8. August 2009 einen Gabelstapler und erstellte folgenden Abschreibungsplan als Rechenblatt zur Tabellenkalkulation für die gesamte Nutzungsdauer von 8 Jahren. ___ von 17 F

	A	B	C	D
1	Nutzungsdauer	8 Jahre		
2	Anschaffungskosten	??? €		
3	AfA-Satz (%)/Jahr	??? %		
4	Kaufdatum	08. 08. 2009		
5	Datum:		AfA (€) linear	Restbuchwert
6	31. 12. 2009		**2.500,00 €**	45.500,00 €
7	31. 12. 2010		6.000,00 €	39.500,00 €
8	31. 12. 2011		6.000,00 €	33.500,00 €
9	31. 12. 2012		6.000,00 €	**27.500,00 €**
10	31. 12. 2013		6.000,00 €	21.500,00 €
11	31. 12. 2014		6.000,00 €	15.500,00 €
12	31. 12. 2015		6.000,00 €	9.500,00 €
13	31. 12. 2016		6.000,00 €	3.500,00 €
14	31. 12. 2017		3.500,00 €	0,00 €
15	Summe			

2.1 Ermittle den fehlenden Wert in B2.

2.2 Berechne den AfA-Satz in Prozent.

2.3 Weise die Richtigkeit des Betrages in Zelle C6 rechnerisch nach.

2.4 Gib die Formeldarstellung bzw. die Funktion zur Berechnung folgender Werte an.

D9: ______________________________

C15: ______________________________

2.5 Wie lautet der Buchungssatz für die Abschreibung am 31. 12. 2013?

2.6 SaSa Schlittschuh e. K. veräußert den Gabelstapler am 5. Mai 2014. Ermittle den zeitanteiligen Restbuchwert.

2.7 In diesem Zusammenhang möchte der Praktikant Leopold wissen:

- Wofür steht die Abkürzung „AfA“?

- Welche zwei Gründe rechtfertigen eine Abschreibung auf Sachanlagen?

3 Auf deinem Schreibtisch liegen verschiedene Belege, die buchhalterisch erfasst werden müssen. Bilde jeweils die notwendigen Buchungssätze. ___ von 20 F

Beleg 1:

Ihr Büro-Ausstatter Adriane

Büro-Ausstatter Adriane • Schreinerstr. 37 • 89407 Dillingen

Firma
SaSa Schlittschuh e. K.
Gewerbefeld 10–12
86150 Augsburg

Steuer-Nr.: 100/628/932123
USt-IdNr.: DE 9638527410
Tel.: 09071 – 988888
Fax: 09071 – 988889
www.adriane-buero.de

Dillingen, 08. Juli 20..

Rechnung Rechnungs-Nr.: 246/3 Kunden-Nr.: 3152

Aufgrund Ihrer Bestellung zur Neuausstattung Ihres Konferenzraumes vom 28. Mai lieferten wir Ihnen am 5. Juli:

Pos.	Menge	Artikel	Einzelpreis (€)	Gesamtpreis (€)
1	4	Einbauschränke „Luxus“	1.825,00	7.300,00
2	1	Multi-Faxgerät	1.200,00	1.200,00
Warenwert, netto: 8.500,00 €	Umsatzsteuer: 1.615,00 €		**Rechnungsbetrag:**	**10.115,00**

Zahlungsbedingungen: 30 Tage rein netto. Bei Überschreiten des Zahlungsziels werden 12 % Verzugszinsen berechnet. Die gelieferte Ware bleibt bis zur vollständigen Bezahlung unser Eigentum.

Bankverbindung: Donaubank, IBAN: DE21 7906 1198 000 1133 55, BIC: SBBADEM1RS
Wir danken für Ihren Auftrag.

Beleg 2:

Quittung Nr.				
	netto	280 €	Cent	00
	+ 19 % UST	53 €	Cent	20
	gesamt	333 €	Cent	20
Gesamtbetrag in Worten:	dreihundertdreiunddreißig ----------------------		Cent wie oben	
von	Schrott- und Alteisenhandel, Ägidius Schrottler			
für	schrottreife Kettendurchstichnähmaschine			
dankend erhalten				
Ort: Augsburg		Datum: 6. Juni 20 ..		
Buchungsvermerke	Stempel und Unterschrift des Empfängers Firma Sasa Schlittschuh e. K. Gewerbefeld 10 – 12 86150 Augsburg S. Sausewind			

Die – mit dem Erinnerungswert in den Büchern stehende – Maschine war nicht mehr reparabel.

Beleg 3:

Überweisungsauftrag an 76550000 Städtebank Augsburg

Ang. GS / Hz

Empfänger: Name, Vorname/Firma (max. 27 Stellen)

FA KUFE&CO

Konto-Nr. des Empfängers: 430856920

Bankleitzahl: 76543200

Die Durchschrift ist für Ihre Unterlagen bestimmt

bei (Kreditinstitut)

SPARBANK MUENCHEN

Betrag

EUR 11.533,72

Kunden-Referenznummer – noch Verwendungszweck, ggf. Name und Anschrift des Auftraggebers – (nur für Empfänger)

RECHN.NR 123 (ALU-KUFEN)

noch Verwendungszweck (insgesamt max. 2 Zeilen à 27 Stellen)

abzügl. 2% SKONTO

Kontoinhaber: Name, Vorname/Firma, Ort (max. 27 Stellen, keine Straßen- oder Postfachangaben)

SASA SCHLITTSCHUH

Konto-Nr. des Kontoinhabers

653465

Bitte NICHT VERGESSEN: Datum/Unterschrift

00000123456

Datum / Unterschrift 17. 06. 20..

i. A. Bruno Brausewind,
Fa SaSa Schlittschuh e. K.

Schreibmaschine: normale Schreibweise!
Handschrift: Blockschrift in GROSSBUCHSTABEN,
bitte je Zeichen ein Kästchen verwenden!
Die Durchschrift ist für Ihre Unterlagen bestimmt.

Beleg 4:

Städtebank Augsburg
BIC: SAAADEM1SR

Kontokorrentkonto IBAN: DE21 7655 0000 0000 6534 65

Firma
SaSa Schlittschuh e. K.
Gewerbefeld 10–12
86150 Augsburg

Benachrichtigung für die Nichteinlösung einer Lastschrift:

Folgende Lastschrift wurde bei uns vorgelegt und aus genanntem Grund nicht eingelöst:

Rückgabegrund:	ohne Angabe
Ausstellername:	Flitzerstudio an der Donau
Aussteller-IBAN:	DE21 7909 8732 0088 4466 22/
Verwendungszweck:	Re-Nr. 32165
Währung/Betrag:	EUR/2.936,92 EUR
Datum der Rückgabe:	26. 08. 20..

4 Bearbeite folgende Aufgaben zum Beleg. ___ von 11 F

Städtebank Augsburg		**KONTOAUSZUG**		
Kontoauszug 10. November/14:14 Uhr		Firma SaSa Schlittschuh e. K. Gewerbefeld 10–12 86150 Augsburg	Nummer 25 Seite 1/1	

Bu.-Tag	Wert	Bu.-Nr.	Vorgang	Betrag (€)	
10. 10.	11. 10.	6543	Schlau Insolvenzverwalter – Zahlung vom „Flitzerstudio an der Donau“	881,08	H
10. 10.	11. 10.	6544	Nachzahlung aus Rechnung 1237/60 Fa. Geizhals	1.713,60	H
Kontokorrentkredit € 50.000,00 (S) = Banklastschrift I (H) = Bankgutschrift IBAN: DE21 7655 0000 0000 6534 65 BIC: BELADENM1SS			alter Kontostand neuer Kontostand	331,03 2.263,65	S H

4.1 Anfang Oktober ist das Insolvenzverfahren gegenüber dem „Flitzerstudio an der Donau“ (vgl. Aufgabe 3, Beleg 4) durch den Insolvenzverwalter Schlau abgeschlossen und am 10. 10. die entsprechende Zahlung auf dem Firmenkonto eingegangen.
Ermittle die Insolvenzquote in Prozent.

4.2 Bilde den erforderlichen Buchungssatz.

4.3 Die Forderung gegenüber Fa. Geizhals hatten wir bereits im August vollständig abgeschrieben. Erfreulicherweise ging am 10. 10. jetzt eine Nachzahlung ein, die du noch verbuchen musst.

4.4 Welche Begriffe passen <u>nicht</u> zu den einwandfreien Forderungen? Streiche sie durch.

Einzelwertberichtigung	/	allgemeines Ausfallrisiko	/	3570 PWB	/	konkretes Ausfallrisiko

5 Im Unternehmen SaSa Schlittschuh e. K. finden sich am Jahresende u. a. folgende Kontensummen. ___ von 10 F

Konto	Soll	Haben
0510 BGR	100.000,00 €	
0530 BVG	420.000,00 €	
0895 SP	3.100,00 €	
2000 R	55.000,00 €	
2100 UFE	10.000,00 €	
3000 EK		234.700,00 €
3001 P	14.500,00 €	
3670 EWB	22.840,00 €	
3680 PWB		1.080,00 €
4400 VE		84.840,00 €
5000 UEFE		162.300,00 €
5001 EBFE	5.200,00 €	
6000 AWR	80.000,00 €	
6001 BZKR	8.000,00 €	

5.1 Erkläre dem Praktikanten Leopold, welche Posten auf dem Konto „Sammelposten“ buchhalterisch erfasst werden.

____

____

5.2 Bilde den Buchungssatz für die Abschreibung auf den Bestand im Konto „Sammelposten“.

5.3 Gib die notwendigen Buchungssätze an, um alle aufgeführten Unterkonten abzuschließen.

Notenschlüssel

1	2	3	4	5	6
0–5 F	5,5–10,5 F	11–18 F	18,5–26 F	26,5–33,5 F	34–62 F

So lange habe ich gebraucht: ________

So viele Fehler habe ich gemacht: ________

Schulaufgabe 6

- Inhalte: Abschreibung auf Sachanlagen und Forderungen, Bestandsveränderungen
- Zeitbedarf: 60 Minuten

Klara Duftig hat sich in ihrem Werk in Dingolfing auf die Produktion von hochwertigen Seifen aller Art spezialisiert. Als Mitarbeiter/-in in der Buchhaltungsabteilung der Firma „K-D-Seifen e. Kfr.“ bist du für die Bearbeitung verschiedener Aufgaben zuständig. Zusätzlich kümmerst du dich zeitweise um die Betriebspraktikant(inn)en der örtlichen Realschule.

Informationen zum Unternehmen

Inhaber	Klara Duftig
Rechtsform	Einzelunternehmen
Anschrift	Duftweg 10–12, 84131 Dingolfing
Zweck des Unternehmens	Fertigung von exklusiven Seifen
Geschäftsjahr	1. Januar bis 31. Dezember 20..

Werkstoffe und Handelswaren

Rohstoffe	tierische und pflanzliche Fette …
Hilfsstoffe	Natronlaugeplättchen, Duftöle, Säure, Lebensmittelfarbe, Mandeln, Honig, Blüten, Gewürze …
Betriebsstoffe	Strom, Gas, Wasser, Reinigungsmittel …
Handelswaren	Seifendosen, Seifenspender …

1 Aus einer Broschüre liegt dir eine Infografik zu Unternehmensinsolvenzen vor. ___ von 8 F

1.1 Erkläre zunächst den Begriff „Insolvenz“.

Insolvenz bedeutet ________________________________, das heißt, ______________________

____.

1.2 Sind die Aussagen richtig oder falsch?
Kreuze an (**✗**).

Ein Fünfzigstel der Gläubiger müssen mit einem Zahlungsausfall von mindestens einer Million € rechnen.

Richtig ☐ Falsch ☐

Mehr als die Hälfte der insolventen Unternehmen konnte ihren 8. Geburtstag nicht feiern.

Richtig ☐ Falsch ☐

Im Jahr 2004 schlitterten weniger Unternehmen in die Insolvenz als im Jahr 2012.

Richtig ☐ Falsch ☐

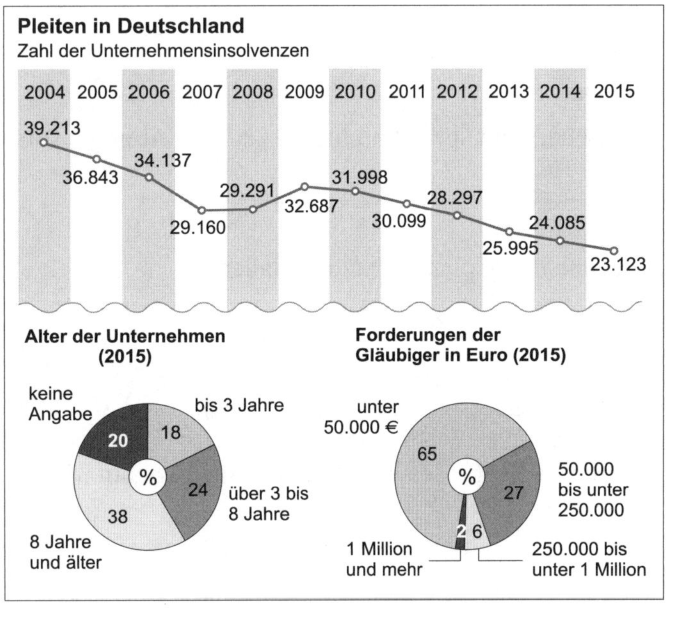

1.3 Berechne die prozentuale Veränderung der Insolvenzen von 2008 auf 2012.

2 Ein Azubi bittet dich um Hilfe. Gib an, auf welchen Konten folgende Geschäftsfälle erfasst werden. ___ von 4 F

(A) Werbeaufschrift auf dem neuen Lieferwagen von K-D-Seifen e. Kfr., netto 235,00 €.

____

(B) Kauf von fünf Taschenrechnern zu je 45,00 €, zuzüglich UST.

____

(C) Spenglerarbeiten am Betriebsgebäude (Erneuerung der fehlerhaften Dachrinne), 1.035,30 € brutto.

____

(D) Anschaffung eines neuen Faxgerätes für brutto 464,10 €.

____

3 Dir liegt nachstehende unvollständige Anlagenkartei der Firma K-D-Seifen e. Kfr. vor. ___ von 15 F

Anlagenkartei **K-D-Seifen e. Kfr.** Duftweg 10–12, 84131 Dingolfing

Inventar-Nr. 257		Bezeichnung der Anlage: Hitze-Pressmaschine		Baujahr 2010	
Anlagen-Konto **???**		Kostenstelle: Fertigung		Kaufdatum: 03. 11. 2010	
Lieferant: Schraufnagl GmbH, Hamburg				Bestell-Nr. 15479	
Voraussichtliche Nutzungsdauer:			**???** Jahre	Garantie: 2 Jahre	
Anschaffungskosten:			4.500,00 €		
Jahr	Abschreibung			Reparaturen	
	%-Satz	Betrag	Buchwert	Art	Tag	EUR
31. 12. 2010	16 2/3 %	**???** €	4.375,00 €			
31. 12. 2011		**???** €	**???** €			

3.1 Ergänze.

Das Steuerrecht spricht nicht von „Abschreibung“, sondern von ______________________________

______________________________.

3.2 Berechne die geplante Nutzungsdauer.

3.3 Ermittle die Höhe des Abschreibungsbetrags am 31. 12. 2010.

3.4 Bilde den Buchungssatz für die Abschreibung zum 31. 12. 2011.

3.5 Unterstreiche die richtige Antwort.

Der Buchungssatz zur Abschreibung auf Sachanlagen zählt zu den …

laufenden Buchungen. / vorbereitenden Abschlussbuchungen. / Hauptabschlussbuchungen.

3.6 Ermittle den Buchwert am Ende des Jahres 2011.

3.7 Mittlerweile entspricht die Hitze-Pressmaschine nicht mehr dem neuesten technischen Standard. Deshalb verkauft K-D-Seifen e. Kfr. diese Presse, deren Buchwert nunmehr 2.500,00 € beträgt, gegen Rechnung für 2.100,00 € (zuzüglich UST). Bilde den Buchungssatz.

4 Zur Ergänzung des Sortiments führt K-D-Seifen e. Kfr. auch Seifendosen und Seifenspender. ___ von 12 F

Duftig-Seifen * Duftweg 10–12 * 84131 Dingolfing

Firma Drogerie Schmierig
Am Markt 35
94315 Straubing

Tel.: 09421-998877
Fax: 09421-998878
www.duftig-seifen.de
Steuernummer: 100/628/932123
USt-ID-Nr.: DE 9638527410

Rechnung

Re-Nr.:	Kunden-Nr.:	Re-Datum:
2582-33	*4455*	*14. 04. 20..*

Artikelbezeichnung	Menge [Stück]	Einzelpreis [€]	Gesamtpreis [€]
Seifendosen „Fliffy“	1.000	0,35	350,00
Seifenspender „Fluffy“	230	1,50	345,00
		Gesamtsumme netto	**695,00**
		Umsatzsteuer, 19 %	**132,05**
Ziel: 14. Mai rein netto		**Gesamtsumme brutto**	**827,05**

Die Lieferung erfolgt frei Haus. Bei Zahlung bis 24. 04. gewähren wir 3 % Skonto.
Bei Zahlungsverzug werden 9 % Verzugszinsen p. a. berechnet.
Bankverbindung: Isarbank München, IBAN: DE21 3216 54730 599 99, BIC: DLBSDEBYRB1

4.1 Bilde den Buchungssatz für obigen Beleg.

4.2

Bekanntmachung in gerichtlichen Verfahren
Insolvenzverfahren – 6AB 14258/09
Über das Vermögen der Firma Drogerie Schmierig, Am Markt 35, 94315 Straubing, wurde am 15. 05. 20.. das Insolvenzverfahren eröffnet.
Amtsgericht – Insolvenzgericht – Straubing

Bilde zu dieser Mitteilung in der Tageszeitung den Buchungssatz.

4.3 Nenne einen Grund, der den Kunden Schmierig in die Insolvenz geführt haben könnte.

4.4 Die Insolvenzquote beträgt 20 %. Die entsprechende Zahlung ist heute auf dem Firmenkonto eingegangen. Bilde den erforderlichen Buchungssatz.

5 Bei K-D-Seifen e. Kfr. wird dir folgender Kontoauszug zur Bearbeitung vorgelegt.

___ von 10 F

Isarbank München			**KONTOAUSZUG**		
Kontoauszug 01. Dezember/11:11 Uhr			Firma Duftig-Seifen Duftweg10–12 84131 Dingolfing	Nummer 25 Seite 1/1	
Bu.-Tag	Wert	Bu.-Nr.	Vorgang	Betrag (€)	
29. 11.	29. 11.	6543	Erwerb Lagerhalle – Seifenstr. 8 Grunderwerbsteuer (3,5 %)	9.450,00	S
30. 11.	30. 11.	6544	Hypothekendarlehen – Gutschrift (nach Abzug von 1 % Abschlussgebühr)	217.800,00	H
Kontokorrentkredit € 30.000,00 (S) = Banklastschrift | (H) = Bankgutschrift IBAN: DE21 730 599 99321654 BIC: DLEBDEREBM1			alter Kontostand neuer Kontostand	21.713,13 186.636,87	S H

5.1 2.450,00 € der gezahlten Grunderwerbsteuer (siehe Kontoauszug) fallen für das Grundstück an. Ermittle den Wert des Grundstücks sowie den Kaufpreis der Lagerhalle.

5.2 29. 11.: Bilde den entsprechenden Buchungssatz.

5.3 30. 11.: Erfasse den Vorgang buchhalterisch.

5.4 Welche Besonderheit ist hinsichtlich Immobilien bei der Abschreibung zu beachten?

____

____

6 K-D-Seifen e. Kfr. gibt eine Forderung über 11.424,00 € an das Factorinstitut Geizkragen e. K. ab. Dieses legt für seine Aufwendungen folgende Gebührensätze zugrunde: ___ von 3 F

- Zinssatz von 15 % (p. a., das entspricht 281,69 €) für die Gewährung des Zahlungsziels von 60 Tagen;
- Spesensatz von 3,50 % des Forderungswerts (Spesenpauschale 2 %, Ausfallversicherung 1,50 %)

6.1 Ermittle die Höhe sämtlicher Nebenkosten, die das Factorinstitut K-D-Seifen e. Kfr. in Rechnung stellt, sowie den Betrag, den die Firma von Geizkragen e. K. erhält.

6.2 Nenne einen Vorteil des „Factoring“.

____

____

7 Zum 31. 12. muss noch der Jahresabschluss vorbereitet werden. Bilde jeweils die erforderlichen Buchungssätze. ___ von 9 F

7.1 Der Geschäfts-Lkw (Anschaffungskosten: 80.000,00 €, Nutzungsdauer: 4 Jahre) wird weiterhin betrieblich genutzt, obwohl er nun zum letzten Mal abgeschrieben werden kann.

7.2 Bei der Rohseife ergab sich ein Minderbestand in Höhe von 2.642,00 €.

7.3 Das Konto 2200 FE weist einen Mehrbestand in Höhe von 1.357,00 € aus.

7.4 Am 31. 12. 20.. beträgt der Bestand an einwandfreien Forderungen 117.334,00 €.
Aufgrund der Ausfallschätzung hat dein Kollege wie folgt gebucht:

6950 ABFO	an	3680 PWB	986,00 €

Ermittle den Prozentsatz für die Ausfallschätzung.

Notenschlüssel

1	2	3	4	5	6
0–5 F	5,5–10 F	10,5–17,5 F	18–26 F	26,5–33,5 F	34–61 F

So lange habe ich gebraucht: ________

So viele Fehler habe ich gemacht: ________